가장 소중한

_____ (님)에게

이 책을 드립니다.

20   년   월   일

_____ 드림

가장 소중한 이에게 주는

축복의
36가지
말씀

● 개정판 ●

가장 소중한 이에게 주는

축복의 36가지 말씀

● 개정판 ●

- 개정초판 1쇄 인쇄 2024년 4월 15일
- 개정초판 1쇄 발행 2024년 4월 18일

- 지은이 장경동
- 펴낸이 조유선
- 펴낸곳 누가출판사
- 등록번호 제315-2013-000030호
- 등록일자 2013. 5. 7
- 주소 서울시 강서구 공항대로 59다길 276(염창동)
- Tel 02-826-8802, Fax 02-6455-8805
- 정가 15,000원
- ISBN 979-11-85677-85-9 03230

가장 소중한 이에게 주는

축복의
36가지
말씀

장경동 지음

● 개정판 ●

누가

저는 담임 목사라는 직책 외에도 소위 부흥사로서 사역을 하고 있습니다.

부흥사의 사역은 어떤 교회의 담임목사가 양무리에게 하나님의 말씀을 먹이는데, 외부 강사를 초청하여 특별한 음식을 먹이는 것과 흡사합니다. 이는 제가 담임을 하고 있는 교회도 역시 흡사한 상황입니다. 하나님의 말씀을 외부 강사가 와서 그분들의 독특한 시각과 하나님 체험에서 우러나오는 말씀은 성도들에게 맛있는 음식이 되기 때문입니다.

저는 다른 교회에 초청을 받아서 자주 부흥회를 인도하러 갑니다. 그러나 제가 가는 교회들의 상황과 문제들에 맞추어서 강사로서 봉사를 합니다. 그러나 소위 부흥사에게는 그분들 나름의 특별한 설교레퍼토리가 있게 마련입니다. 어떤 분들은 대략 20개 정도의 설교레퍼토리가 있고, 또 다른 분들은 50개 또는 100여 개를 지니고 있는 분들도 있습니다. 교회 상황에 따라서 전해야 할 말씀들이 다르기 때문입니다.

그러나 아무리 많아도 역시 핵심적인 내용들이 있게 마련입니다. 목사님들이 경험한 신앙 내용의 핵심들이 있게 마련이고, 어디서든지 전하고 싶은 본질적인 말씀들이 있는 것입니다. 저는 이책에서 바로 저의 핵심적인 내용들을 뽑아보기로 했습니다. 제가 가장 즐겨서 전하는 말씀, 제가 가장 깊이 체험한 말씀, 제가 늘 가슴에 품고 있는 하나님의 말씀이 있습니다. 이 책은 바로 그런 핵심들로 구성되어 있다고 하겠습니다. 말하자면, 이 내용들은 제가 부흥회에서 강의하는 뼈대이며 골수입니다.

저는 한 사람의 크리스천이 신앙을 갖고 신앙인으로 살아가면서 적어도 이 책에서 말하고 있는 36가지 축복의 말씀을 이해하고 순종한다면 그리 큰 무리 없이 하나님을 믿으며, 교회생활을 잘할 수 있을 것이라고 믿습니다.

저는 이 책에서 축복의 36가지 말씀을 여러분들에게 드리고자합니다. 이를 통해서 우리 모두가 하나님 앞에서 참된 복을 누리며 살아가기를 다시 한번 기도를 드립니다.

장경동

4장 ● 인생의 짐

5장 ● 주님의 음성

6장 ● 은혜의 비결

7장 ● 기본으로 돌아가라

1장

본질을
향하여

본질 그리고 현상

베드로와 바울은 '성령 충만한 자'라는 점에서 참 많이 닮았다. 하지만 좀 더 깊숙하게 들여다보면 이 두 사람은 다른 인생을 살았음을 발견할 수 있다. 베드로는 배움이 짧았던 반면 바울은 공부를 많이 했다. 사역을 들여다봐도 예수님의 제자였던 베드로는 여느 제자들처럼 유대인을 중심으로 전도했다. 그리고 이방인들에게는 전도하지 않았다.

그렇다면 왜 이방인들에게는 전도하지 않았을까? 고정관념 때문이다. 당시 유대인들에게는 이러한 궁금증이 있었다. '하나님께서는 왜 이방 사람들을 만들었을까?' 이 문제를 놓고 연구하던 가운데 그들이 내린 해답은 '지옥의 불쏘시개로 쓰시기 위해서 만드셨다.'이다.

본디 이방인들은 지옥의 자식인데 그들이 필요한 이유는 오직 한 가지, 지옥을 계속 불태우기 위한 불쏘시개의 용도뿐이라고 생각했던 것이다. 얼마나 잘못된 생각인가? 하지만 이러한 사고방식이 그들의 머릿속에 먼저 들어와 고정관념으로 고착되자 도무지 바뀌지 않았다.

사실 사람들은 누구나 저마다 자기식으로 생각하고 판단한다. 또 먼저 들어간 잘못된 지식을 빼내고 좋은 지식으로 바꾸기란 여간 어려운 일이 아니다. 때문에 좋은 지식을 먼저 습득하는 것은 참으로 중요하다.

그렇다면 우리에게는 잘못된 고정관념이 없을까?
"훌륭한 사람이 훌륭한 일을 하는가, 아니면 훌륭한 일을 하니까 훌륭한 사람이 되는 것인가?"
"좋은 나무가 좋은 열매를 맺는가, 아니면 좋은 열매를 맺으니까 좋은 나무가 되는 것인가?"
첫 번째 물음은 세상의 눈으로 접근하는 사고방식이고 두 번째 물음은 말씀의 눈으로 접근하는 사고방식이다. 이처럼 교회와 세상은 본질과 현상을 바라보는 접근방식부터 다르다.

그렇다면 교회의 접근방식과 세상의 접근방식이 어떻게 다른가?
좋은 나무는 본질에 속하고 좋은 열매는 현상에 속한다. 훌륭한 사람은 본질에 속하고 훌륭한 일은 현상에 속한다. 즉 본질은 'to be'이고 현상은 'to do'이다. 세상은 철저하게 '현상' 중심으로 돌아간다.

"훌륭하면 뭐 하냐? 훌륭한 짓을 해야지."

이것이 세상의 사고방식이다. 세상은 항상 현상을 중요하게 여긴다. 하지만 훌륭한 사람만 훌륭한 일을 할 수 있음을 아는가? 바꾸어 말하면 훌륭한 사람이 되지 못하니까 훌륭한 일도 못하는 것이다. 성경은 훌륭한 일(현상)이 아닌 훌륭한 사람(본질)에 초점을 맞춘다.

마 3:10
이미 도끼가 나무 뿌리에 놓였으니 좋은 열매 맺지 아니하는 나무마다 찍어 불에 던져지리라

좋은 열매를 맺지 못하는 나무가 문제라면 가지를 찍어 버려야지 왜 뿌리를 찍는다고 말씀하셨을까? 좋은 열매가 맺히는 자리는 가지이지만 좋은 열매가 맺히는가, 맺히지 못하는가를 결정하는 것은 나무의 문제라고 바라보기 때문이다. 이처럼 잘못된 결과는 잘못된 원인에서 비롯된다고 보는 것이 성경의 시각이다.

성경 말씀을 읽다 보면 세상 속담과 비슷한 내용들을 더러 만나게 된다.

"세 살 버릇 여든 간다."

이와 흡사한 말씀이 성경에도 있다.

잠 22:6
마땅히 행할 길을 아이에게 가르치라 그리하면 늙어도 그것을 떠나지 아니하리라

이 둘의 내용은 같다. 하지만 하나님의 말씀은 긍정적으로 바라보지만 세상의 속담은 부정적으로 바라본다. 마땅히 행할 일은 분명 좋은 일이다. 어릴 때부터 마땅히 행할 일을 가르치면 늙어서도 그것을 떠나지 않을 것이라고 하나님은 말씀하신다. 반대로 '세 살 버릇'은 어떠한가? 부정적인 의미이다. 나쁜 버릇으로 잘못 길들이게 되면 여든 살까지 간다고 세상은 걱정한다.

이처럼 세상과 교회는 그 시각부터 다르다. 그래서 말씀이 먼저 입력된 사람은 긍정적인 곳을 향하여 시선을 모으지만, 세상 지식이 먼저 입력된 사람은 도무지 이상한 곁길로 시선을 집중하는 것이다.
쇼펜하우어는 이렇게 말한다.

"원래 우리는 없었다. 그런데 태어나서 살다가 다시 없어진다."

그는 없었다가 살다가 다시 없어지는 것이 인생이라고 말한다. 그러니까 그가 바라보는 시각에서 죽음은 원래 상태로 되돌아가는 것이다. 자살 역시 원위치로 되돌리는 것이니 조금도 손해 보는 일이 아니다. 아니 오히려 아름다운 행위라고 미화한다. 말만 들어서는 참으로 그럴듯하지 않은가?

하지만 두 번만 생각해 봐도 이런 말이 얼마나 무식이 충만한 소리인지 깨닫게 된다. 예수님은 삶과 죽음에 대하여 살았다가 없어지는 것이 아니라 영원히 사는 것이라고 말씀하신다.

간단하게 구분하자면 이렇다.
두 사람이 있다. 한 사람은 아침도 먹지 않고 점심도 먹지 않고 저녁도 먹지 않았다. 그래서 위장이 비어있다. 또 다른 한 사람은 아침도 잘 먹고 점심도 잘 먹고 저녁도 잘 먹었다. 그리고 다음 날 대변을 보아서 위장이 비어있다. 그렇다면 위장이 비었다고 하는 현상은 같지만 이 두 사람이 똑같은가? 비어서 없게 되는 것과 원래부터 없는 것은 엄연히 다르다.
또 다른 예를 들자면 이렇다. 한 집은 남편이 한 달 동안 한 푼도 벌어오지 않아서 하나도 쓴 것 없이 통장의 잔고가 '0'이다. 그런데 다른 집은 남편이 1000만 원을 벌어주었는데 한 달 동안 모두 써서 통장 잔고가 '0'이 되었다. 그렇다면 이 두 가정이 똑같은가? 통장잔고만 놓고 보면 똑같다. 하지만 후자의 경우에는 1000만 원을 지출한 열매가 남지 않았는가? 인간도 마찬가지이다. 없었다가 태어났다가 또다시 없어지는 존재가 아니라 없었다가 있었다가 영원히 있는 존재이다.

구원받지 못한 가룟 유다를 향하여 주님께서 뭐라고 말씀하시는가?

마 26:24
인자는 자기에 대하여 기록된 대로 가거니와 인자를 파는 그 사람에게는 화가 있으리로다 차라리 태어나지 아니하였더라면 제게 좋을 뻔하였느니라

이 말씀에 비추어 생각하자면 그리스도인들은 이 땅에 태어나기를 잘한 자들이다. 반면 예수님을 믿지 않는 사람들은 차라리 이 땅에 태어나지 않았더라면 좋았을 자에 속한다.

그리스도인과 비그리스도인을 어떻게 구분할 수 있는가?
교회를 다니는가, 교회를 다니지 않는가 하는 것은 나타나는 현상에 불과하다. 본질로 들어가자면 그리스도인들은 이 땅에 태어나기를 잘한 사람들이고, 비그리스도인들은 이 땅에 태어나지 않았더라면 오히려 좋았을 사람들이라고 하는 엄청난 차이가 있다.

그리스도인들이 비그리스도인들에게 복음을 전하는 것이 얼핏 듣기에는 "함께 교회 다니자"고 하는 말처럼 여겨질 수 있겠지만 그 중심의 본래 의미는 '태어나지 않았으면 좋았을 인생을 태어나

기를 잘한 인생으로 바꾸어 살자.' 하는 것이다.

'전도란 교회에 나가는 것' 이렇다면 초등학생 정도의 수준에 불과하다.
'전도란 예수 믿고 구원받도록 하는 것' 이렇게 되면 대학생 정도의 수준은 된다.
'전도란 태어나지 않았더라면 좋을뻔했던 인생을 태어나기를 잘한 인생으로 바꾸어놓는 것' 이렇다면 대학원생 정도의 수준이 된다.
의미를 정확하고 분명하게 알고 전도하자.

진리의 판단기준

　어렸을 때부터 마땅히 행할 길을 가르치라고 말씀하신다. 즉 깨끗한 어린아이들의 속에 진리의 말씀을 뼈대로 세워놓으라고 명령하신다. 그래야만 진리의 잣대가 판단기준이 될 수 있기 때문이다. '저것은 저렇게 되는 것이고 이것은 이렇게 되는 것이다.' 이렇게 올바른 분별력이 생길 수 있다. 그런데 진리의 잣대 대신 비진리가 마음 중심에 놓이게 되면 성경 말씀이 마치 비진리인 것처럼 되고 만다.

　몰몬교는 이단이다. 하지만 그들에게도 배워야 할 태도가 있다. 생각해 보라. 이단을 전도하기가 얼마나 어려운가? 힘들게 전도한 사람이 갑자기 교회를 나오지 않겠다고 한다. 왜 그런가 알아보니 이단이기 때문에 더 이상은 나오지 않겠다는 것이다.

　이런 일이 반복될 것이니 얼마나 힘들겠는가? 이렇게 힘든데도

축복의 36가지 말씀

불구하고 그들이 계속 전도할 수 있는 힘은 어디에서 나오는 것일까? 그럼에도 불구하고 전도하는 그들의 모습을 보면 이단도 하는 일을 왜 원조인 우리가 못하는지 참으로 안타깝고 답답하다.

우리나라는 기독교가 먼저 들어왔기에 몰몬교가 이단 종교임을 알고 있다. 하지만 아무런 종교도 들어가지 아니한 곳에 몰몬교가 먼저 들어갔다고 가정해 보자. 동네 사람들이 모두 몰몬교를 믿은 후 기독교가 들어갔다면 그 동네 사람들은 기독교를 이단으로 보지 않겠는가?

우리나라도 기독교는 서양의 종교라고 생각하는 사람들이 많다. 그렇다면 불교가 우리나라 토착 종교인가? 그렇지 않다. 불교는 인도에서 시작되었다. 그럼에도 불구하고 불교가 우리나라 토착종교인 줄로 착각하는 것이다. 그렇다면 유교가 우리나라의 종교인가? 유교 역시 중국에서 시작되었다. 그렇다면 왜 유교나 불교는 우리나라의 종교처럼 여겨지고 기독교는 서양의 종교처럼 여겨지는 것일까? 유교나 불교가 이 땅에 먼저 들어왔기 때문이다.

이처럼 좋은 지식이 먼저 심겨지는 것이야말로 참으로 중요하다. 때문에 복음을 들고 먼저 들어가야 한다. 복음이 먼저 들어간 나라들을 보면 예외 없이 모두 선진국이다. 우리나라만 하더라도 기독교가 들어오면서 얼마나 잘 사는 나라가 되었는가?
그렇다면 불교가 시작된 인도는 어떠한가? 못사는 나라이다.

더욱 놀라운 사실은 불교가 들어간 나라들은 한결같이 못사는 나라가 되더라는 것이다.

그렇다면 왜 기독교가 들어가는 나라들은 모두 선진국이 되고 불교가 들어가는 나라들은 모두 후진국이 되는 것일까?

기독교와 불교는 교리부터 다르기 때문이다. 불교의 문제점은 무엇인가? '불교'라고 하면 가장 먼저 떠오르는 사상이 '살생하지 말라'는 것이다. 그들은 윤회사상을 믿기 때문에 어떤 일이 있을지라도 살생하지 말라고 가르친다. 그들은 나타나는 한 세대가 있고 감추어진 또 한 세대가 있다고 말한다. 그렇게 한 세대가 가고 다음 세대가 오게 되는데 현재의 세상을 잘못 살게 되면 다음 생애에서는 미물로 태어날 수도 있다고 말한다. 즉 모든 인간은 태어나고, 죽고, 또다시 빙 돌아서 무엇으로든 다시 태어나기 때문에 현세를 잘못 살게 되면 다음 세상에서 짐승으로 태어날 수도 있다고 말하는 것이다. 그들의 말대로라면 모기도 잡으면 안 되는 것 아닌가?

"조상님, 나한테 맞아 죽기 전에 어서 가십시오."

아무리 생각하고 이치를 따져 봐도 도무지 맞지 않는다. 그들의 말이 옳다면 사람과 미물들을 모두 합한 숫자가 항상 일치해야 하는데 과연 그런가? 그렇지 않다.

기독교는 우리의 생애가 한없이 직선으로 나아간다고 믿는다. 다시 말해서 죽으면 돌아오는 것이 아니라 구원받은 자는 천국으로 가고 구원받지 못한 자는 지옥으로 가게 된다는 것이다. 죽게 되면 영원의 세상으로 가게 되는 것이지 윤회되어 다시 돌아오는 일은 없다고 믿는다.

물론 살생을 금하는 것 자체가 나쁜 것은 아니다. 하지만 하나님은 그렇게 소극적으로 살라고 말씀하지 않았다. 아니, 적극적으로 이 땅을 다스리고 정복하라고 말씀하신다. 그렇다 보니 하나님의 말씀이 들어가는 곳마다 정복의 역사가 일어난다. 하나님의 말씀이 들어가는 나라마다 부강해진다.

영국만 보더라도 성경이 들어간 후 배를 타고 세계를 정복하는 나라가 되지 않았는가? 그들은 바다의 힘을 알게 되었고 배를 만들어 정복하기 시작했다. 다스리고 정복하며 지배하라는 하나님의 말씀대로 움직이다 보니 부강한 나라가 된 것이다. 이처럼 하나님의 말씀과 정신이 들어가는 곳마다 부강해진다. 하지만 불교의 교리는 들어가는 나라마다 자꾸만 왜소하게 만든다. 역사적으로 봐도 입증이 된다.

그런데 여기에서 예외인 나라가 있다. 일본이 그렇다. 그렇다면 일본은 기독교 국가가 아님에도 불구하고 왜 잘사는 것일까? 그들은 하나님의 말씀은 믿지 않지만 태도는 그리스도인처럼 생활하기 때문이다. 그들은 그리스도인처럼 정직하고 근면하다. 부지런하고 정직하다. 일본사람은 성령이 충만하지 않지만 정확하고 정직하다.

이러한 개개인이 모여 한 나라의 국민성을 이루다 보니 일본의 국가의 신용도가 얼마나 높은지 모른다. 세계 모든 사람들은 'Made in Japan' 이라고 하면 일단 인정한다. 오죽하면 일본에 대해서는 적대감정이 팽배한 우리 민족까지 일본 제품을 좋아하겠는가? 왜 그런가? 그들이 만든 물건은 믿을 수 있기 때문이다.

성령 충만한 민족임을 자부하면서도 우리들은 얼마나 거짓말을 잘하는가? 이러한 이 땅의 현실을 볼 때 참으로 가슴이 아프다.

버섯을 키우는 성도의 말에 의하면 버섯을 키울 때 가장 중요한 것은 종균을 배양하는 일이라고 한다. 싹이 잘 나야 좋은 버섯을 많이 수확할 수 있기 때문이다. 그런데 평균 80-90% 나야 하는 싹이 우리나라에서 판매되는 톱밥을 사다가 작업을 해보면 50% 정도밖에 나지 않는다고 한다. 평균 수치에 턱없이 부족하다. 그런데 참으로 신기한 것은 일본에서는 항상 80-90% 정도 싹이 난다고 한다.

이상해서 그에게 물어보았다.

"그렇다면 왜 일본에 가서 기술을 배워오지 않습니까?"
"아무리 일본에 가서 기술을 배워도 소용없습니다."

내용인즉 이러하다. 우리나라는 참나무 톱밥을 주문하면 항상 준비되어 있어서 언제든지 구할 수 있다고 한다. 아무리 주문량이 많아도 참나무 톱밥이 항상 준비되어 있다.

"참나무 톱밥이 다 팔려서 없습니다."

한 번도 톱밥이 없다고 한 적이 없다는 것이다. 하지만 일본은 다르다고 한다. 아무리 주문이 들어와도 준비된 참나무 톱밥이 부족하면 없다고 말한다는 것이다. 우리나라의 참나무 톱밥과 일본의 참나무 톱밥을 가지고 버섯을 키우다 보면 엄청난 차이가 난다고 한다. 왜 그럴까?

우리나라는 참나무 톱밥이 모자라면 밤나무, 대추나무, 상수리나무를 가지고 톱밥을 만들어 섞는 것이다. 일단 톱밥으로 만들고 나면 어느 나무로 만든 톱밥인지 육안으로는 구별할 수 없기 때문이다. 그런데 버섯을 키워보면 어느 나무로 만들어진 것인지를 대번에 알 수 있다고 한다. 그렇다 보니 우리나라에서 파는 참나무 톱밥에서 제 양의 버섯 종균이 나오지 않는 것은 당연한 일이다. 성령 충만한 민족이 이래서야 되겠는가? 이러한 부정직함부터 즉시 시정되어야 한다.

어찌 되었든 먼저 각인된 올바른 종교, 먼저 각인된 올바른 정신은 자손만대까지 엄청난 영향을 미친다.

우리나라의 75%가 외국의 도움으로 살아가고 있음을 아는가? 우리나라 자체에서 해결되는 것은 25%밖에 되지 않는다. 식량만

하더라도 쌀 정도는 자급자족이 되지만 다른 것들은 수입에 의존할 수밖에 없다. 옥수수만 예를 들어도 강원도에서 나오는 것만 가지고는 턱없이 부족하기 때문에 수입해서 들여온다. 밀가루도 거의 대부분이 외국산이다.

우리나라에서 만든 옷일지라도 원자재는 수입품일 경우가 허다하다. 이처럼 수입에 의존하지 않고는 살기 힘든 땅이 우리나라이다. 왜 그런가? 자원이 없기 때문이다. 가장 싼 자원인 석탄이 있긴 하지만 그나마 거의 모두 고갈된 형편이다. 우리나라처럼 물려받은 자원 하나 없는 땅도 드물 것이다.

그럼에도 불구하고 이렇게 잘 사는 나라가 될 수 있었던 이유가 무엇일까? 솔직히 이 땅에 복음이 들어오지 않았다면 어떻게 병원이며 학교가 세워질 수 있었겠는가?

지금까지도 의아한 점이 있다. 세포를 떼어서 조직검사를 해도 정확하게 알기 힘든 것이 병명인데 옛날 사람들은 방에 누워있는 환자의 손목에 실을 묶어서 문밖에서 잡고 진맥을 했다고 하니 이러한 것을 어떻게 받아들여야 하는가? 엑스레이를 찍고 수술을 하고 정밀검사를 해도 때로는 오진이 나오는데 어떻게 손목에 묶인 실로 병의 원인을 알아내고 치료까지 한다는 말인지 도무지 신기하다. 신의 경지에 도달했든지, 아니면 허무맹랑한 거짓말이든지 둘 중 하나가 아닌가 여겨진다. 그렇게 살아오던 이 민족에 복음이 들어온 후 병원이 세워지고 학교가 세워졌다.

선교사들이 이 땅에 들어온 지 100년 남짓한 역사 가운데 이만

축복의 36가지 말씀

큼 잘 사는 나라로 만들어놓은 것이 아닌가? 명문이라 불리는 학교의 대부분은 그들이 세워놓았다.

이 나라, 이 땅이 이렇게 잘살게 된 것은 천연자원이 풍부하기 때문이 아니라 인적자원이 좋기 때문인데, 그렇게 우수한 인적자원을 만든 것 역시 하나님의 말씀이다. 이것이 바로 우리가 서둘러서 선교해야 하는 이유이다. 아무것도 심어지지 않은 땅에는 먼저 들어가는 것이 임자이다. 그러니 비진리가 먼저 들어가서 진리처럼 행세하기 전에 반드시 복음의 진리가 먼저 들어가야 한다.

세상을 향한 설교

베드로와 바울로 돌아가 보자. 베드로는 이방인에게 나가지 않은 반면 바울은 스스로 이방인의 사도가 되겠노라 자청한다. 지금도 마찬가지이다. 교인들이 좋아하는 목사님은 많지만 불신자들이 좋아하는 목사님은 거의 없다는 것을 아는가?

세상 사람들은 목사님을 별로 좋아하지 않는다. 그러니 목사님의 말도 좋아하지 않는다. 누군가 충고를 해주면 "아이고 나에게 좋은 말씀을 하시는구나." 이렇게 받아들여야 하는데 다짜고짜 뭐라고 말하는가?

"너 지금 나한테 설교하냐?"

더 이상 나에게 설교하지 말라는 것이다. 세상 사람들은 목사들을 향해서도 설교하지 말라고 한다.

듣기 싫다고 한다. 왜 그런가?

이미 알고 있는 것을 되풀이해서 말하는 설교는 잔소리가 되어 버렸기 때문이다.

"하지 마십시오."
"이럴 수는 없습니다."
"저래서는 안 됩니다."

말의 내용이 옳고 그름을 떠나서 받아들이는 사람의 입장에서는 잔소리로 입력이 되는 것이다. 이러한 현실을 목사님들은 하루 빨리 깨우쳐야 한다. 지금 이대로는 안 된다.

'내 말이 비그리스도인들에게는 잔소리로 들리는구나. 그렇다면 하나님의 말씀이 진리처럼 들리게 하려면 어떻게 해야 할까?' 불신자에게 선포되는 설교의 중요성을 깨닫고 변화해야 한다. 물론 불신자에게 선포되는 설교가 신자들이 듣기에는 다소 이상할 수 있다.

"저것도 설교라고 하는 거야?"

하지만 신자들이 조금만 참아주면 불신자들이 좋아하는 설교가 된다. 바울이 이방인을 향하여 설교한 것처럼 이 시대도 불신자들을 위한 설교가 선포되어야 한다.

CBS 방송설교를 하거나 들을 때마다 '이렇게 좋은 진리를 우리 끼리만 듣기에는 너무 아깝다'라는 생각이 든다. 복음이야말로 이미 받아들인 사람보다는 받아들이지 못한 사람에게 더욱 필요한 것 아닌가? 복음을 받아들이지 않은 사람에게 있어 복음 선포는 얼마나 중요한지 모른다.

세상 사람들을 향하여 복음을 선포하려면 먼저 그들의 문화부터 알아야 한다. 세상 사람들과 우리들 사이에는 분명한 문화 차이가 있기 때문이다. 이러한 차이를 염두에 두고 복음을 전파해야 한다. 우리 문화와 서양 문화만 하더라도 얼마나 다른가? 우리나라에서는 버르장머리 없는 행동이 서양 사람들에게는 아주 자연스러운 문화로 받아들여지는 것들도 많다. 다리를 꼬고 앉는 것을 예로 들 수 있다. 그들에게는 지극히 자연스러운 자세이지만 우리 눈으로는 너무나 거슬린다. 그러한 태도가 은혜를 받는 것을 좌우할 만큼 중요한 일은 아님에도 불구하고 다리를 꼬고 앉아서 예배 드리는 모습을 보면 너무나 보기 싫다.

또 솔직히 꼬장배기인 그리스도인들이 얼마나 많은가? 불신자들의 눈으로 보면 예수 믿는 사람들처럼 앞뒤가 꽉꽉 막혀있는 사람들도 없다. 우리 아버지 눈에 비친 그리스도인은 둘도 없는 깍쟁이였다. 아버지 말씀에 의하면 정미소 품값을 깎는 사람들은 물어볼 것도 없이 예수쟁이였다고 한다.

사실 이 부분에 있어서는 어느 정도 이해가 된다. 예수 믿는 사람에게는 공돈이 없기 때문에 돈거래가 맑다. 즉 주는 것도 없고 받는 것도 없다. 반면 예수 믿지 않는 사람들은 주는 일에도 받는 일에도 별 거리낌이 없다. 그들은 받을 줄도 알고 줄 줄도 안다. 물론 그런 것들이 바람직하다는 뜻은 아니다. 하지만 정직한 우리들의 모습이 믿지 않는 사람들의 눈에는 인색하게 보일 수도 있다는 것이다. 오죽하면 내가 목사가 되고 싶다고 하자 아버지께서 펄쩍 뛰시면서 이렇게 말씀을 하였겠는가?

"너 방앗삯 깎으려고 목사 한다냐?"

식당을 가더라도 비신자들은 술을 마시다 보니 음식 추가 주문이 별로 없는데 신자들은 반찬이란 반찬은 모조리 거덜 낸다.

"아가씨, 깍두기 좀 더 줘."
"아줌마, 김치 좀 더 줘."

게다가 다 먹고 일어날 때에는 거액은 아닐지라도 다소 얼마의 팁을 줘야 하는데 그리스도인들은 실컷 먹고 그냥 간다. 그러면서도 대부분의 그리스도인들은 자신이 매너가 없다는 사실조차 모른다. 세상 사람들은 우리들의 이런 모습들을 보면서 꼬장배기라고 한다. 이렇게 이미지를 굳혀가는 그들에게 그리스도인에 대한 새로운 모습들을 보여줘야 한다.

나는 가능하다면 재미있게 설교하려고 애쓴다. 물론 재미있게 하려다 보니 가벼워지는 아쉬움도 감수해야 한다. 심지어 어떤 때는 설교가 아니라 코미디라고 하는 비난의 소리까지 들린다.

하지만 성도들이 항상 진지한 것을 원하지는 않는다고 생각한다. 그렇지 않아도 6일 내내 매출 올리려고, 진급하려고, 과중한 업무를 처리하느라 진지하게 살았는데 주일이 되어 교회에 와서까지 진지해야 하는가? 그렇게 힘들고 지친 영혼들에게 교회에서 속이라도 시원하게 풀어준다면 그것만으로도 소중한 의미가 아닐까? 진지함을 요구하는 사람들에게 묻고 싶다. 무엇이 진지한 것인가? 무엇이 깊이 있는 것인가? 무엇이 중요한 것인가? 무엇이 수준 있는 것인가?

우리 교회가 있는 대전에는 연구소들이 많기 때문에 박사들이 많다. 그들이 신문을 볼 때 맨 처음 보는 것이 뭔지 아는가? 만화이다. 왜 그럴까? 복잡한 것이 싫기 때문이다.

복잡하게 설교해야 성도들이 잘 들을 것이라고 착각하는 목사님들이 있다. 어려운 설교를 들으면서 성도들이 고개를 끄덕일지는 몰라도 그것은 은혜받기 때문이 아니라 습관적인 반사반응일 때가 많음을 기억하라. 목사님이 어렵고 복잡한 설교를 하면 성도들의 생각은 교회 밖으로 심방 다니기 시작한다. 그러다가 광고 시간이 되면 돌아온다. 그러니 설교 말씀은 하나도 기억나지 않으면서 누가 죽었는지 누가 결혼하는지는 다 기억하게 되는 것이다.

우리 교회는 특별한 성경공부 프로그램이 없다. 본문에 충실한 설교만 잘 들어도 성경공부로는 충분하다고 믿기 때문이다. 20년 넘게 설교하다 보니 설교 본문으로 삼지 않은 성경구절이 거의 없다.

그런데 왜 많은 성도들이 성경공부에 연연해하는가? 목사님의 설교 말씀을 제대로 듣지 않기 때문이다. 들리지 않는 설교를 들어야 하는 것이야말로 한국 그리스도인들에게 너무나 크고 무거운 짐이다.

정복하는 그리스도인

성경은 정복하라고 말씀하신다. 다스리라고 말씀하신다. 말씀의 힘으로 세계를 정복하게 하신다. 그러니까 성경이 들어가는 나라마다 정복의 역사가 일어나게 되는 것이다. 반면 스님들은 "중이 싫으면 절을 떠나라."라고 한다.

세상이 더러우면 그리스도인들은 더러운 세상을 변화시키려고 한다. 이 땅을 변화시키는 것이 그리스도인의 사명이기 때문이다. 하지만 예수님을 믿지 않는 사람들은 다르게 생각한다.

"잘살아라. 나는 간다."

그리고는 산으로 들어가는 것이다.

가르침 자체가 다르다. 저들은 도망가라고 가르치지만 그리스
도인들은 나를 녹이고 태워서라도 세상을 변화시키라고 가르친
다. 세상이 꼴 보기 싫다고 해서 모두 산으로 들어간다면 나라꼴
이 어떻게 되겠는가?

마 5:13, 14
너희는 세상의 소금이니… , 너희는 세상의 빛이라…

세상이 썩었으니 자신을 녹여서 소금이 되고, 세상이 어두우니
자신을 태워서 빛이 되라고 말씀하신다. 이것이 그리스도인들이
마땅히 해야 할 사명이다. 그리고 이 사명을 감당해낼 수 있는 힘
은 오직 '은혜'에서 나온다. 하나님의 은혜가 산 넘어 있다면 넘어
가서 받고, 바다 건너 있다면 건너가서 받고, 뚫어야 한다면 뚫어
서 받는 변화의 주역으로 굳건하게 서는 그리스도인이 되자.

2장

마음이
청결한 자

센 기도와 살살 기도

골프를 칠 때에도 시작할 때에는 장타를 쳐야 하지만 홀 가까운 자리에 공이 있으면 살살 퍼 올려야 한다. 즉 세게 쳐야 할 때와 살살 쳐야 할 때가 있다는 것이다. 이와 마찬가지로 기도 역시 세게 해야 할 때와 살살해야 할 때가 있다. 즉 '살살 기도'를 해야 할 때와 '센 기도'를 해야 할 때가 있다는 것이다. (이 용어가 딱히 적합한 것은 아니고 다소 거칠기도 하지만 그 의미를 선명하게 전달하기 위해 그대로 사용하겠다.)

성경에서 살살 기도와 센 기도를 모두 했던 대표적인 인물로 야곱을 꼽을 수 있다. 그가 집에서 팥죽을 쑤면서 했던 기도는 살살 기도에 속한다.

"하나님 감사합니다. 일용할 양식 주셔서 감사합니다."

팥죽을 쑤면서 무슨 센 기도가 필요했겠는가? 이처럼 식사기도 같은 것은 살살하는 것이 좋다. 또 대중 앞에서 하는 대표기도 역시 간단명료하게 하는 것이 바람직하다.

야곱은 장자의 축복을 간절히 원했다. 그러다가 팥죽으로 형에게 장자의 축복을 샀다. 그런데 자기 입으로 장자권을 팔겠다던 형이 칼을 갈면서 죽이려고 한다. 야곱이 위험에 처했음을 알게 된 엄마는 외삼촌 라반의 집으로 그를 피신시킨다.

외삼촌의 집으로 가는 야곱의 발걸음이 어떠했겠는가? 야곱은 집안일을 도맡아 하면서 단팥죽이나 끓이던 사람이다. 그런데 마지못해 광야를 건너서 도망가야 하는 형편에 놓였으니 그 길이 평탄했겠는가? 야곱에게 있어 광야는 실로 충격적이었다. 그때 야곱이 드린 기도가 바로 '센 기도'이다. 그렇게 센 기도를 할 때 하늘 문이 열리면서 천사가 오르락내리락 하는 것을 보게 된다.

우여곡절 끝에 외삼촌 라반의 집으로 건너간 야곱은 20년 동안 열심히 일해서 거부가 되었다. 그리고는 처자식과 모은 재물을 가지고 다시 고향으로 돌아오는데 그때 역시 형에게 맞아 죽게 생겼다. 그때 다시 한번 센 기도를 한다.

마찬가지이다. 인생을 살아가면서 평상시에는 살살 기도해야 하지만 중요한 때를 만나면 반드시 생명을 걸고 센 기도를 해야 한다. 마치 야곱이 환도뼈가 부러져서 절름거릴 정도로 세게 기도 했듯 그렇게 기도해야 한다는 것이다.

렘 33:3

너는 내게 부르짖으라 내가 네게 응답하겠고 네가 알지 못하는 크고 은밀한 일을 네게 보이리라

이것이 센 기도, 부르짖는 기도이다.

물론 하나님께서 모든 기도를 부르짖는 기도로 하라고 말씀하신 것은 아니다.

마 6:6

너는 기도할 때에 네 골방에 들어가 문을 닫고 은밀한 중에 계신 네 아버지께 기도하라 은밀한 중에 보시는 네 아버지께서 갚으시리라

주님도 은밀한 기도, 살살 기도를 말씀하셨다. 그러니까 살살 기도하는 사람은 센 기도하는 사람을 무시하지 말아야 하고, 센 기도하는 사람은 살살 기도하는 사람을 무시해서는 안 된다. 즉 부르짖어 기도하는 사람은 은밀하게 기도하는 사람을 무시하지 말고, 은밀하게 기도하는 사람은 부르짖어 기도하는 사람을 무시하지 말아야 한다.

기도의 양면성을 알고 상황에 맞게 은밀하게 기도해야 할 때에는 은밀히 기도하고 부르짖어 간구해야 할 때에는 부르짖어 간구하라.

본질을 기도하라

교인들로부터 기도 부탁을 자주 받는다. 그럴 때마다 이런 기도 부탁을 받는다면 얼마나 좋을까? 하는 생각이 든다.

"기도가 되지 않아요. 기도문이 열리도록 기도를 부탁합니다."
"요즘 기쁨이 없습니다. 기쁨이 회복되도록 기도를 부탁합니다."
"삶의 평안이 없습니다. 평안 가운데 거하는 삶이 되도록 기도를 부탁합니다."

그런데 이런 기도 부탁을 하는 사람은 거의 없다. 대부분의 기도 제목을 보면 본질은 없이 현상만 있다. 이를테면 땅이 팔리게 해달라는 기도, 사업이 확장되도록 해달라는 기도 제목들이 대부분이다. 즉 본질은 없이 현상만 놓고 기도를 부탁한다.

부끄러운 고백이지만 나 역시 오염된 기도를 했던 적이 있다. 우리 교회는 8개의 축구팀이 있다. 간혹 '담임목사님 배 축구시합'을 열고는 상금과 우승기도 주면서 시상하기도 하는데 선수들이 얼마나 열심인지 모른다. 물론 교회 안에 축구부만 있는 것은 아니다. 성도들이 좋아하는 운동이 다양하다 보니 족구부, 탁구부 등도 있다. 그중 활성화가 잘 된 팀 가운데 하나가 축구부인데, 축구 가족의 숫자만 해도 적지 않다. 한 팀에 20명씩만 치더라도 8개 팀이니까 160명이 되고, 부인까지 합하면 320명, 자녀들까지 합하면 600명이 넘는다.

내가 자랑할 것이 많지 않지만 '젊음' 하나만은 자신이 있었다. 그래서 그런지 중년의 나이를 넘긴 담임목사였던 그때 축구 시합이 열리면 자리에 앉아서 박수쳐 주면서 격려만 해도 충분한데 나는 성격상 그렇게 하지 못하고 운동장으로 나가서 뛴다. 운동장에서 한 번이라도 뛰어본 사람이라면 축구가 결코 쉽지 않은 운동임을, 아니 얼마나 힘들고 어려운 운동임을 알 것이다.

그런데 요즘 들어 더러 공을 놓치기도 하고 축구감각이나 체력이 점차 떨어진다. 그러면서 어느 날 문득 더 이상 나도 젊지 않음이 실감난다. 그때 이렇게 기도한 적이 있다.

"하나님, 저는 항상 젊을 줄로만 알았는데 지금 보니 그렇지 않습니다. 저 역시 10년이 두 바퀴만 돌면 은퇴해야 하는 나이가 되었습니다. 성경에 보면 죽은 자가 살아나기도 하고, 나면서부터 앉은뱅이가 걷기도 하고 이러한 능력이 숱하게 흐르는데 이것들을 성경에만 묻어두지 말고 저에게도 주십시오. 저를 그러한 능력의 종으로 사용하여 주십시오. 성경을 믿습니다. 말씀의 능력도 믿습니다. 하늘의 능력을 아껴서 무엇하려고 그러십니까? 그런 능력을 저에게도 주십시오. 그래서 우리 교회 성도들도 모두 고침 받게 하시고, 그로 인하여 하나님의 영광을 드러낸다면 얼마나 좋습니까? 제가 잘 먹고 잘살려고 하늘의 능력을 구하는 것이 아닙니다. 제가 언제 옷을 달라고 했습니까, 먹을 것을 달라고 했습니까. 오직 제가 하나님의 능력을 구하는 이유는 당신의 양들을 위함인 줄을 아시지 않습니까?"

아픈 교인들을 바라보는 담임 목사의 심정을 아는가? 정말 대신 아프고 싶은 부모의 심정이다. 그래서 한번은 병원 심방을 갔을 때 이렇게 기도한 적도 있다.

"하나님, 입장을 바꾸어 놓고 생각해 보십시오. 주님께서 목회하셨다면 이 자리에 오셔서 기도로 고치셨을 것 아닙니까? 그런데 왜 저를 목회자로 세우시고는 이렇게 아파서 고통받는 사람에게 주님의 권능을 행하지 못하게 하시는 것입니까? 하나님께서 직접 목회를 하시든지 나에게 그런 능력을 주시든지 결단을 내려주십시오."

이것이 솔직한 심정이다. 주님은 다 고치셨으면서 왜 나에게는 그런 능력을 주시지 않는지 참으로 안타깝다. 성경에 없는 것을 달라고 하는 것도 아니고 분명하게 성경에 기록된 그 능력을 달라고 하는데 왜 주시지 않는지 너무도 안타깝다. 말씀에서 약속하신 능력을 간구할 때 하나님께서 이렇게 말씀해 주신다면 얼마나 좋겠는가?

"내가 너에게 그런 능력을 주마."

하지만 내 마음속에 들려온 주님의 음성은 달랐다.

"사랑하는 내 종아, 능력 받아서 죽은 자를 살리고 병든 자를 고치고 중풍 병자를 걷게 하려고 하지 말고 너 자신부터 주님을 의지하고 깨끗해져라."

능력을 간구하는 나에게 하나님은 깨끗해지라고 말씀하셨다. 그때 얼마나 놀랐는지 모른다. 마음과 생각과 언어와 삶은 차치하더라도 가장 순수해야 할 기도마저 오염이 되었다는 사실을 깨달았기 때문이다.

목사가 이렇게 오염된 기도를 할 때 장로님, 권사님, 집사님들은 얼마나 오염된 기도를 하겠는가? 오염된 기도 정도가 아니라 썩은 기도를 할지도 모른다는 생각이 들자 허탈해졌다.

'왜 주님께서 내게 이런 말씀을 하셨을까?' 그때 깨달아진 말씀이 있다.

마 5:8

마음이 청결한 자는 복이 있나니 그들이 하나님을 볼 것임이요

'죽은 자를 살리고 암을 고치고 중풍병자를 고친 자는 복이 있나니 천국이 저희 것'이라고 말씀하신 적은 없는데 마음이 청결한 자는 복이 있다고 말씀하셨다.

삶 속에 주님이 보이지 않는가? 주님의 음성이 들리지 않는가? 그것은 우리 자신이 깨끗하지 못하기 때문이다. 그 깨달음이 있은 후 감히 이렇게 선포한다.

"깨끗함은 모든 능력보다 우선합니다!"
"깨끗함은 모든 축복보다 우선합니다!"

많은 사람들이 깨끗함보다 축복을 앞세운다. 깨끗함보다 능력을 앞세운다. 우리나라 기도원 원장님치고 능력 받지 않은 분이 있는가? 저마다 능력을 받았다고 요란하다. 그런 분들이 이 땅에 수천 명은 족히 넘는데 이 나라는 왜 이 모양일까? 능력은 받았지만 깨끗함이 없기 때문이다. 어떻게 하나님의 능력이 봉투가 있어야 나온다는 것인가? 어떻게 하나님의 예언이 봉투가 있어야 나온다는 것인가? 물론 은혜받은 자라면 감사함이 마땅하다. 또 주신 것의 10분의 1을 구별해서 드려야 한다. 그것이 나쁘다는 말이 아니다. 하지만 은혜받은 자가 자원하는 마음으로 감사하여 드리는

축복의 36가지 말씀

것과 봉투가 있어야 하나님의 능력이 임하는 것은 차원부터 다르다.

쉽게 설명하자면 이렇다. 사랑하기 때문에 사랑하는 사람에게 선물할 수는 있다. 하지만 선물을 주면 사랑하는 것이고 선물을 주지 않으면 사랑하지 않는 것인가? 그것은 아니지 않은가? 그런데 언제부터인지 우리들의 신앙에 이러한 조건이 붙기 시작했다.

생각해 보라. 하나님이 우리를 조건적으로 사랑하셨는가? 만일 하나님께서 조건을 가지고 우리를 사랑하셨다면 참으로 복잡한 문제가 생긴다.

"내가 저런 인간들을 위해서 십자가에서 죽었다니…. 저들이 하는 행동 좀 봐라."

이렇게 한숨 쉬는 소리가 천둥 번개로 나타날 것이다. 하지만 하나님은 아무런 조건 없이 우리를 사랑해 주셨다.

터치하시는 주님

책을 통해서 알게 된 목사님이 있다. 이 목사님은 독일에서 공부를 했는데 하루는 수업시간에 교수님이 갑자기 이렇게 질문하더란다.

"혹시 여러분 가운데 지금까지 성경이 하나님의 말씀이라고 믿는 사람이 있습니까?"

'그럼 성경이 하나님의 말씀이지 아니란 말이야?' 이렇게 생각하고는 손을 번쩍 들었다고 한다. 그랬더니 학생 가운데 손을 든 사람은 자기뿐이더란다.
놀란 교수님이 이렇게 묻는다.

"학생은 어디에서 왔나?"

"네, 대한민국에서 왔습니다."

"그래? 대한민국은 아직도 샤머니즘 신앙이 팽배한 나라니까 성경이 하나님의 말씀이라고 믿는 사람이 있을 수도 있을 거야."

너무 놀랐다. 수업을 마치고 기숙사에 들어와서 룸메이트에게 물어보았다.

"내가 독일어에 서툴러서 교수님의 말씀을 잘못 들은 것 같은데, 그러니까 교수님은 지금 성경이 하나님의 말씀이 아니라는 것이냐?"

그랬더니 친구 역시 의아한 표정으로 이렇게 반문하더란다.

"그럼 너는 성경이 하나님 말씀이라고 진짜로 믿어?"
"아니 그럼 너는 믿지도 않으면서 신학교는 왜 왔어?"
"직업이 좋잖아."

이렇게 기가 막힌 일이 또 어디 있는가?

우리나라는 국교로 정해진 종교가 없다. 하지만 독일은 찬송가를 애국가로 부르는 기독교 국가이다. 그러니까 국민들은 종교세를 내고 정부에서는 그렇게 걷어진 종교세를 가지고 목사님들에게 생활비를 지급한다. 다시 말해서 독일에서 목사님은 일종의 공무원 같은 위치이다.

우리나라는 대학을 입학할 때 대부분의 학생들은 많은 수입이 보장된 직업을 가질 수 있는 전공을 지원하려고 한다. 출세의 발판으로 삼을 수 있는 대학이 좋은 대학이 된다.

그러다 보니 공부 잘하면 판사나 검사가 되고, 그다음으로 의사가 되고, 좀 더 부족하면 교수가 되는 수순을 밟는다. 그렇게 밀리고 밀려서 학교 공부가 뒤쳐지는 사람들이 들어가는 곳이 신학교이다. 전부 그런 것은 아니지만 그런 경향도 있다. 이것이 한국 교회 비극의 시작이다. 이것부터 뜯어고쳐야 이 나라가 변할 수 있다. 똑똑할수록 목사, 약간 부족하면 판검사, 그것보다 조금 더 부족하면 의사 이렇게 될 때 한국 교회에 소망이 있다.

독일 사람들에게는 '아무리 유능한 판사일지라도 변호사 편을 들면 검사로부터 욕을 듣고, 검사 편을 들면 변호사로부터 욕을 듣게 된다. 그러니 같은 공무원이면서 인기가 좋은 전공인 신학을 택하자.' 하는 생각이 있다고 한다.

그래서 제일 똑똑한 사람들은 신학부에 입학하고 그다음에 법학부, 그다음에 의학부에 입학한다고 한다. 즉 신학생들이야말로 최고의 엘리트이다.

이처럼 최고의 수재들이 신학대학에 들어가다 보니 실력은 있는데 결정적으로 그들에게 없는 것이 있다. '체험', '하나님을 만난 경험'이 없다. 그들에게 있어 교회의 부흥은 중요한 사안이 아니다. 오히려 교인들이 많아지면 심방 가야 할 집도 늘어나기 때문에 골치만 아프다고 생각한다. 그렇게 열심을 낸다고 한들 더 많은 돈을 벌 수 있는 것도 아니니까 그들에게 있어 교회의 부흥은 관심 밖이다. 이것이 독일 교회가 점점 더 침체하게 되는 원인이 된다.

그 친구가 이렇게 묻더란다.

"그럼 너 하나님 봤냐? 하나님 손을 잡아봤어? 어떤 느낌이더냐?"

그런데 막상 할 말이 없다. 믿음에도 불구하고 딱히 대답할 말을 찾지 못하고 한국으로 돌아왔다.

독일에서 공부하고 돌아오니 여기저기에서 특강 요청이 들어왔다. 그래서 목사님들을 대상으로 하는 세미나에 가서 강의를 했다. 그랬더니 우리나라 목사님들은 이분을 향하여 '자유주의자'라고 한다. 독일에서는 극도의 보수주의자로 취급받았는데 한국에서는 자유주의자로 몰리게 되니 아무리 생각해도 이상하다. 너무 혼란스러워하니까 어떤 분께서 이렇게 충고를 해주었다.

"내가 볼 때 당신은 목회를 해보지 않아서 그런 것 같으니 목회를 한번 해보십시오."

그렇게 나환자촌에 있는 교회를 소개받고 그곳까지 가서 사역을 하게 되었다. 이분이 처음 부임 예배를 드리려고 강단에 서서 성도들의 얼굴을 보니 말 그대로 구멍 다섯 개만 뚫려있는데 얼마나 놀랐는지 자신이 준비한 설교내용이 하나도 기억나지 않더란다. 광고시간이 되었다.

"제가 이번에 새로 부임한 목사입니다. 그러니 인사하실 분들은 인사하고 돌아가십시오."

축도를 하고 고개를 들어보니 교인들이 하나도 없었다. '모두 돌아간 모양이구나.' 이렇게 생각하고는 교회 문을 열었는데 교인들이 한 줄로 쭉 서 있더란다. 악수를 하려고 내민 손이 어떤 사람은 손이 없이 바로 팔뚝이 나오더란다. 어디를 잡아야 할지 난감해서 팔 끝을 잡았더니 나머지 한 손으로 막 비비더란다. 그렇게 비비는 팔은 곪아 고름이 가득하여 금방이라도 터질 것만 같았다고 한다.

그 가운데 유난히 손을 비비는 자매가 있어 사연을 들어보니, 이 자매는 18살에 나병에 걸렸다고 한다. 당시만 하더라도 나병은 천형에 가까운 병이었다. 나병에 걸렸다는 소식을 들은 아버지는 숫돌에다가 칼을 갈더란다. 그 칼을 가지고는 방으로 들어왔다가 다시 나갔다가 하면서 안절부절 못하더란다. 다른 가족을 생각하면 그 딸이 죽는 것이 낫겠는데 막상 죽이려고 하니 선뜻 용기가 나지 않았던 것이다. 엄마는 그런 아버지를 말렸고 결국 아버지는 이렇게 말했다.

"내가 너를 죽일 수는 없으니 네가 나가서 알아서 죽어라. 그것이 다른 가족을 살리는 길이다."

문둥병에 걸린 것도 기막힌데 집에서까지 쫓겨나게 되니 아무리 생각해 봐도 앞으로 살 길이 막막하다. 도저히 희망이 보이지 않아 죽기를 각오하고 물속으로 걸어 들어가는데 바로 이때 어머니가 쫓아와 이래서는 안 된다고 하신다. 식구들 모두 외면했지만 오직 한 분 어머니만은 꼭 살아야 한다고 말리신다.

어머니야말로 세상에서 가장 좋은 분이다. 주님 빼놓고 정말 좋은 단 한 사람을 꼽으라고 한다면 나는 서슴지 않고 어머니를 꼽는다. 많이 배웠든 그러지 못했든, 외모가 어떠하든 상관없이 어머니는 어머니라는 이름 하나만으로도 너무나 좋은 분이다.

여기에서 우리는 참으로 중요한 진리를 캐낼 수 있다. 내 관점에서 나 자신은 별로 중요하지 않을 수 있다. 그러다 보니 스스로 몸을 아끼지 않을 때도 많다. 하지만 우리 어머니가 보시는 관점에서 나는 엄청나게 중요한 존재이다. 얼마나 소중하게 여기시는지 어머니 자신의 생명보다 내가 더 귀하다고 하신다.

하나님의 관점도 마찬가지이다. 하나님의 관점에서 나는 형언할 수 없이 소중한 존재이다. 내가 얼마나 귀중한지 당신의 목숨을 십자가에 매달아 죽이고서라도 살려낼 만큼 나를 귀중하게 여기신다. 이것이 하나님 앞에서 가장 정확한 나의 정체성이다.

자신의 올바른 정체성을 아는 것이야말로 복음의 포인트이다. 하나님께서는 죄인 된 나를 사랑하셨다. 얼마나 사랑하시는지 자신의 생명까지 버리고 십자가에서 구원해내실 만큼 나를 귀중하게 여겨주신다. 이것이 나에 대한 가장 중요한 정체성이다. 이것이 내 자신을 가장 정확하게 보는 눈이 된다. 이처럼 자신을 바라볼 때에도 자기 관점이 아닌 하나님의 관점으로 바라보아야 한다.

내가 생각해 봐도 나는 아무런 존재가 되지 못한다. 하지만 하나님은 단 한 번도 나를 향하여 아무것도 아니라고 말씀하신 적이 없다. 당신의 생명을 주시고 십자가에서 구원하실 정도로 나를 존귀하게 보셨다. 내 관점으로 나를 보면 먹어도 그만, 입어도 그만인 존재에 불과할 수 있다. 이리 살아도 그만, 저리 살아도 그만인 존재일 수도 있다. 하지만 하나님의 관점에서 볼 때 나는 너무나도 귀중하다.

그 자매의 어머니는 딸에게 쌀 2되를 주시면서 어찌 되었든지 살아야 한다고 말씀하신다. 그래서 그 쌀을 가지고 들어간 곳이 바로 나환자촌이다. 그렇게 나환자촌에서만 지내다 보니 수십 년 동안 건강한 사람의 손을 만져본 적이 없는 것이다. 목사님께서 악수하면서 인사를 해주시니 얼마나 고맙고 반갑던지 꼭 잡고 놓지 않았던 것이다. 그 순간 목사님에게 이런 음성이 들리더란다.

"이것이 주님의 손이다."

모든 그리스도인들은 환상 가운데 주님 보기를 갈망한다. 신비한 체험 가운데 주님 보기를 갈망한다. 하지만 주님은 환상이나 신비한 체험 가운데만 임하시는 것은 아니다.

마 25:31-36

인자가 자기 영광으로 모든 천사와 함께 올 때에 자기 영광의 보좌에 앉으리니 모든 민족을 그 앞에 모으고 각각 분별하기를 목자가 양과 염소를 분별하는 것 같이 하여 양은 그 오른편에 염소는 왼편에 두리라 그 때에 임금이 그 오른편에 있는 자들에게 이르시되 내 아버지께 복 받을 자들이여 나아와 창세로부터 너희를 위하여 예비된 나라를 상속받으라 내가 주릴 때에 너희가 먹을 것을 주었고 목마를 때에 마시게 하였고 나그네 되었을 때에 영접하였고 헐벗었을 때에 옷을 입혔고 병들었을 때에 돌보았고 옥에 갇혔을 때에 와서 보았느니라

의인들이 묻는다.

마 25:37-39

주여 우리가 어느 때에 주께서 주리신 것을 보고 음식을 대접하였으며 목마르신 것을 보고 마시게 하였나이까 어느 때에 나그네 되신 것을 보고 영접하였으며 헐벗으신 것을 보고 옷 입혔나이까 어느 때에 병드신 것이나 옥에 갇히신 것을 보고 가서 뵈었나이까 하리니

이때 주님께서 양들을 향하여 뭐라고 하시는가?

마 25:40

내가 진실로 너희에게 이르노니 너희가 여기 내 형제 중에 지극히 작은 자 하나에게 한 것이 곧 내게 한 것이니라

양을 향하여 이렇게 말씀하신다.

그렇다면 염소를 향해서는 뭐라고 하시는가?

마 25:41-43

또 왼편에 있는 자들에게 이르시되 저주를 받은 자들아 나를 떠나 마귀와 그 사자들을 위하여 예비 된 영영한 불에 들어가라 내가 주릴 때에 너희가 먹을 것을 주지 아니하였고 목마를 때에 마시게 하지 아니하였고 나그네 되었을 때에 영접하지 아니하였고 헐벗었을 때에 옷 입히지 아니하였고 병들었을 때와 옥에 갇혔을 때에 돌아보지 아니하였느니라

그들 역시 묻는다.

마 25:44

주여 우리가 어느 때에 주께서 주리신 것이나 목마르신 것이나 나그네 되신 것이나 헐벗으신 것이나 병드신 것이나 옥에 갇히신 것을 보고 공양하지 아니하더이까

이때 주님이 뭐라고 대답하셨는가?

마 25:45

내가 진실로 너희에게 이르노니 이 지극히 작은 자 하나에게 하지 아니한 것
이 곧 내게 하지 아니한 것이니라

하나님을 위할 수 있는 길은 하늘을 향해서만 있지 않다. 하나
님은 각 사람 속에도 계시므로 모든 사람들 특히 작은 사람일수록
무시하지 말아야 한다. 하나님을 사랑한다고 말하면서 하나님께
서 거하시는 하나님의 피조물인 사람을 미워한다면 모두 거짓이
된다. 하나님이 그 사람 안에 거하시는데 어찌 그 사람은 미워하
면서 그 안에 거하시는 하나님만 사랑할 수 있단 말인가? 말도 되
지 않는 일이다.

마태복음에 보면 예수님께서 산상보훈 하시고 내려오셨을 때
길거리에서 나환자를 만나게 된다.

마 8:1-2

예수께서 산에서 내려오시니 수많은 무리가 따르니라 한 나병환자가 나아와
절하고 가로되 주여 원하시면 저를 깨끗케하게 하실 수 있나이다

예수님은 어떻게 병자들을 고치셨는가?

"네 믿음대로 될지어다"

이렇게 말씀으로 행하셨다. 하지만 유독 그 문둥병자에게는 손을 내밀어 대셨다고 말씀하신다.

마 8:3
예수께서 손을 내밀어 저에게 대시며 가라사대 내가 원하노니 깨끗함을 받으라 하신대 즉시 그의 문둥병이 깨끗하여진지라

주님은 그를 만지셨다. 이 부분을 영어 성경에서는 'touth'라고 번역되어 있다. 왜 예수님께서는 그 사람에게 손을 대셨을까? 그 목사님도 이 사실이 늘 궁금했는데 자매가 손을 잡고 비빌 때 말씀이 깨달아진 것이다.

나병은 전염병이기 때문에 격리해야 한다. 그러다 보니 사람들과 접촉 즉 스킨십을 하지 못한다. 그런데 주님은 그의 병을 낫게 해주시는 것은 물론이고 스킨십까지도 해주셨다. 이처럼 우리 주님은 자상하신 분이다. 말씀만으로 깨끗하게 낫게 해주시더라도 너무나 감사한 일이지만 주님은 그것을 뛰어넘어 손을 대시고 낫게 하셨다.

그는 나를 만졌네 내 영혼을 나는 그를 느꼈네 그 숨결을
그는 나를 버리지 아니하고 나는 그를 떠나지 아니하리
그의 사랑 있으면 나 외롭지 않아 그의 사랑 안에서 나 두렵지 않네

그는 나를 만졌네 내 영혼을 나는 그를 느꼈네 그 숨결을
그는 나를 버리지 아니라고 나는 그를 떠나지 아니하리

목사님은 그때 이렇게 소리쳤다.

"이제 나는 주님을 만나보았습니다!"
"이제 나는 주님을 만져보았습니다!"

주님은 오늘도 수없이 우리를 향해 터치하고 계신다.
단지 우리가 느끼지 못할 뿐이다.
주님은 오늘도 수없이 우리를 향해 말씀하고 계신다.
단지 우리가 듣지 못할 뿐이다.
왜 그런가? 우리의 눈이 더러워졌기 때문이다. 우리의 귀가 더
러워졌기 때문이다.
오늘도 주님은 이렇게 말씀하신다.

마 5:8
마음이 청결한지는 복이 있나니 그들이 하나님을 볼 것임이요

3장

두 가지
인생

세상 자녀와 하나님 자녀

　그리스도인들은 세상에서 태어나 교회라는 삶의 테두리 안에서 믿음생활을 하면서 살아간다. 반면 비그리스도인들은 세상에서 태어나 세상에서 살아간다. 그렇다고 해서 그리스도인들이 세상을 완전히 떠나서 산다고는 보기 힘들다. 교회 역시 세상이라는 큰 테두리 안에 있기 때문이다. 그렇다 보니 그리스도인들은 교회도 알고 세상도 안다. 반면 세상 사람들은 세상은 알지만 교회는 모른다.

　세상 사람들은 교회는 모르고 세상만 알기 때문에 교회를 배척한다. 하지만 세상도 알고 교회도 알게 되면 누구라도 교회 안으로 들어오게 되어 있다. 왜 그럴까? 이 두 세상을 모두 알게 되면 세상에서 거하는 것이 얼마나 잘못된 것인지 깨닫게 되기 때문이다.

나 역시 모태신앙이 아닌지라 세상의 삶과 교회의 삶을 모두 경험해 보았다. 그런데 예수를 영접하고 그리스도인이 되어보니 믿음생활이 얼마나 좋은지 모른다. 오죽하면 목사가 되기로 헌신했겠는가?

혹자는 이렇게 말한다.

"나도 교회 다녀봤는데 정말 교회처럼 개판인 곳도 없어."

그들의 말이 옳은가? 부분적으로는 옳을 수도 있다. 하지만 전체적으로 보면 교회에 대해서 잘 모르기 때문에 그렇게 말할 수 있는 것이라 여겨진다.

8살 꼬마가 학교에 입학했다. 그런데 하루 이틀 학교 가더니만 더 이상 학교에 다니지 않겠다고 한다.

"엄마, 나 학교에 가지 않을래요."
"왜?"
"배울 것이 없어요. 다 아는 거예요."
"왜 그렇게 말하는데?"
"가보니까 앞으로 나란히, 열중쉬어, 이런 것밖에 하지 않던데요 뭐."

이와 마찬가지이다. 믿음생활 역시 제대로 알게 된다면 어느 누구도 함부로 말할 수 없다. 아니, 누구라도 주님께 사역자로 헌신하게 될 것이다. 주님으로부터 받은 은혜가 너무 커서 도무지 평신도로서는 은혜를 갚을 길이 보이지 않기 때문이다. 물론 목사가 된다고 해서 다 갚을 수 있는 것은 아니다. 아무리 훌륭한 목사일지라도 백분의 일, 천분의 일도 갚지 못한다. 하지만 그나마 인간으로 살아가면서 보답할 수 있는 길이 목사로 헌신하는 것임을 깨닫게 될 것이니 누군들 헌신하지 않겠는가?

어떤 사람이 목회를 잘하는지 아는가? 잘생긴 목사도 아니고 똑똑한 목사도 아니다. 교회를 부흥시키는 목사가 목회를 잘하는 목사인가? 그것 역시 현상에 불과하다. 정답은 '은혜를 많이 받은 목사'이다. 은혜를 많이 받은 사람은 죽도록 충성한 후에도 이렇게 말한다.

"내가 받은 은혜는 엄청난데 제가 한 일은 너무나 적습니다."

반면 은혜를 적게 받은 사람은 뭐라고 말하는지 아는가?

"하나님이 나를 너무 부려먹는 것 같지 않아?"

늙어서 예수님을 믿게 된 할아버지 한 분이 있었다. 뒤늦게 주님을 영접하고 나니 지난 세월이 너무나 후회스럽다. 주님의 은혜와 사랑이 엄청나서 조금이라도 갚으면서 살아가려고 하지만 이미 너무 늦었더라는 것이다. 그래서 이 할아버지는 철저하게 젊은 사람들을 대상으로 전도하기 시작했다. 젊은 나이에 예수님을 믿고 주님의 은혜에 조금이라도 보답하면서 살라는 뜻으로 그렇게 전도대상을 정한 것이다.

그날도 할아버지는 한 대학생에게 다가가 전도를 했다. 그런데 이 대학생이 이렇게 말하는 것이 아닌가?

"할아버지, 저도 할아버지처럼 늙으면 교회에 나갈게요."

지금은 재미있는 일이 너무나 많아서 교회에 나갈 수 없다는 것이다. 그러니 지금은 마음껏 즐기면서 살다가 늙어서 할 일 없게 되면 그때 다니겠다고 한다. 할아버지는 한 살이라도 더 젊었을 때 교회에 다니라고 강권했지만 도무지 듣지 않는다.

그러던 어느 날 이 대학생이 병원에 입원했다는 소식이 들린다. 할아버지는 꽃을 사가지고 병문안을 갔다. 그런데 싱싱하고 예쁜 곳이 아닌 다 시들어서 쓰레기통에 들어가기 직전의 꽃으로 꽃다발을 만들어서 병문안을 간 것이다. 그리고 대학생이 누워있는 침대 머리맡에 둔다.

"힘들지? 어서 병 나으라고 꽃을 좀 사가지고 왔어."

얼마나 시들거리는지 꽃다발에서 퀴퀴한 냄새까지 난다. 청년의 얼굴이 일그러진다. 할아버지가 묻는다.

"왜 그런데?"

"할아버지께서 병문안을 와주신 것은 감사합니다. 그런데 꽃이 이게 뭐예요? 다 시들었잖아요."

"왜, 싫어?"

"그럼요. 이렇게 시든 꽃을 누가 좋아해요!"

"자네는 시든 꽃을 싫어하면서 하나님께는 왜 시든 인생을 드리려고 하는가?"

하루라도 젊었을 때 주님을 위해서 살자.

이렇게 말하면 더러 곡해하는 사람들이 있다.

"하나님은 늙은이들을 좋아하지 않는다는 말인가? 그렇다면 나는 교회에 다니지 않으련다. 어차피 하나님도 젊은이들만 좋아한다고 하는데 뭐."

이렇게 해석하는 사람들을 보면 참으로 안타깝다. 젊을 때 예수님을 영접하고 믿는 것이 늙어서 예수님을 영접하고 믿는 것보다는 낫다는 말을 왜 이렇게 듣는지…. 이런 오해가 없기를 바란다. 이런 식으로 매사에 뒤틀리게 해석하게 된다면 이미 심령이 병든 상태는 아닌지 자기점검을 해볼 필요가 있다.

겉사람과 속사람

세상도 살아보고 교회도 살아보니 이 둘 사이에는 현격하게 다른 점이 있다. 그 가운데 하나가 세상은 철저하게 현상만 알고 교회는 본질을 안다는 점이다. 현상이야말로 잠시 잠깐 지나가는 것, 아무것도 아닌 것이다. 반면 본질은 영원하고 소중하다.

약 4:14

내일 일을 너희가 알지 못하는도다 너희 생명이 무엇이냐 너희는 잠깐 보이다가 없어지는 안개니라

벧전 1:24

그러므로 모든 육체는 풀과 같고 그 모든 영광은 풀의 꽃과 같으니 풀은 마르고 꽃은 떨어지되

세상 사람들도 이 사실에 대해서 익히 알고 있다. 그래서 이렇게 노래를 부른다.

"화무는 십일홍이오 달도 차면 기우느니라"

그렇다. 인생의 육신은 아무것도 아니다. 사도 바울은 뭐라고 고백하는가?

고후 4:16
그러므로 우리가 낙심하지 아니하노니 겉사람은 낡아지나 우리의 속사람은 날로 새로워지도다

이때 겉사람은 현상, 속사람은 본질에 속한다. 그러니 늙어가는 자신의 모습을 보면서 지나치게 안타까워하지 말자. 늙어가는 외모를 보면서 안타까워하는 이유가 무엇인가? 현상만 보기 때문이다. 겉사람이 아닌 속사람을 볼 수 있어야 한다. 그런데 중요한 것은 속사람은 겉사람이 늙어야 새로워질 수 있다는 점이다.

전화벨이 울린다.

"목사님, 목사님께서 바쁘신 것은 알지만 그래도 죽어가는 한 영혼이니 오셔서 임종 기도를 해주십시오."

저녁 예배를 드리고 회의까지 마친 후 늦은 시간에 그 가정에 심방을 갔다.

하나님의 손으로 베푸시는 기적이 아니라면 정말 어려운 상황이다. 의사까지도 알 수 없는 병이라고, 희귀병이라고 한다. 그런 환자를 놓고 생과 사 그리고 죽음 이후의 세계에 대하여 복음을 전했다.

"사람이 죽으면 육신은 끝납니다. 이렇게 현상은 끝나지만 본질은 영원히 삽니다."

그리고는 영원한 본질에 대해서도 알려주었다.

잠자다 보면 좋은 꿈을 꾸기도 하고 나쁜 꿈을 꾸기도 한다. 그런데 그때 몸은 분명히 방에 누워있는데 또 다른 내가 움직이는 것처럼 느껴질 때가 있다.

어린 시절 우리 집 마당에 동전이 수북하게 쌓인 꿈을 꾼 적이 있다. 얼마나 많던지 빗자루로 쓸어 담아서 삼태기에 가득 담는 꿈이었는데 아직도 생생하다. 꿈이지만 얼마나 좋았는지 모른다.

'아이고 돈이 많으면 뭐해. 어차피 다 꿈인데.' 이렇게 생각하는 사람이 있는가? 아무리 꿈일지라도 일단 기분은 좋다.

물론 항상 좋은 꿈만 꾸는 것은 아니다. 특히 잠자다가 가위에 눌리게 되면 정말 힘들다. 희한한 사실은 실제는 무슨 일을 만나면 붙잡히더라도 일단은 도망가는데 꿈에서는 발이 떨어지지 않는다. 꿈에서 누군가 나를 추격해 올 때 이렇게 말하는 사람이 있는가?

"올 테면 와봐. 꿈이니까 깨면 그만이야!"

그렇지 않다. 일단 열심히 도망간다.

그렇다면 내 몸은 분명히 방안에서 잠을 자고 있는데 움직이는 또 다른 나는 누구인가? 이렇게 움직이는 또 하나의 나, 그것이 바로 영혼이다.

"하나님을 봤습니까?"

이렇게 빈정거리며 물어오는 사람들이 있다. 그들은 '하나님을 보는 자는 죽는다'는 것을 모르기 때문에 이렇게 묻는 것이다. "하나님을 봤습니까?" 하는 질문은 곧 "당신 왜 살아있습니까?" 하는 것과 같은 질문이라는 것을 모르니까 그렇게 묻는 것이다.

"하나님 봤습니까?" 앞으로 이렇게 묻는 사람이 있다면 이렇게 반문하라.

"그럼 당신은 생각을 봤습니까?"

세상에는 볼 수 있는 육신의 것도 있지만 볼 수 없는 영적인 것도 얼마든지 많다. 그런데 볼 수 없는 영적인 것을 봤느냐고 물어보니 참으로 답답하다. 이것은 마치 영어 단어를 알아내기 위해서 독일어 사전을 뒤적이며 찾는 것처럼 말도 되지 않는 행동이다.

이 세상을 자세하게 들여다보면 하나님이 계심을 인정할 수밖에 없듯, 영혼 역시 눈으로 보이지는 않지만 분명히 존재한다. 사람이 죽으면 끝이 아니기 때문에 반드시 예수 믿고 구원을 받아야 한다.

알 수도 없는 병에 걸린 환자를 놓고 영원한 삶에 대한 설교를 했다. 그분은 은혜를 받고 예수 그리스도를 영접하기로 결단했다. 알고 보니 이분이 세종대왕의 직계손이라고 한다. 집안 제사만 하더라도 수십 개가 넘는데 하나님을 믿겠노라 결심한 것이다. 예수님이 나의 구주임을 고백하고 영접하고 회개하고 침례까지 받겠다고 한다.

세례는 비교적 그 절차가 간단하다. 하지만 침례는 물속에 푹 들어가야 하기 때문에 다르다. 물론 건강한 사람이라면 아무런 문제가 되지 않는다. 하지만 병자들에게 침례를 행하기란 참으로 힘들다. 가만히 두어도 숨이 넘어갈 것 같은 사람을 물속에 담갔다가 무슨 일이라도 생기면 정말 큰일 아닌가? 고민하는 가운데 침례 대신 세례로 하는 것이 좋겠다는 지혜가 생겼다.

세례를 받은 후 그가 이런 고백을 한다.

"내가 목사님을 잘 압니다."

"어떻게요?"

"텔레비전에서 봤습니다. 회개하고 가벼운 마음으로 솔직하게 고백합니다. 제가 건강하고 예수님을 믿지 않았을 때에는 목사님 설교 들으면서 '저런 미친놈을 보겠나.' 이렇게 말했습니다."

도무지 미치지 않고서는 저렇게 할 수 없더라는 것이다. 그런데 미친놈이라고 생각했던 사람을 통하여 예수를 믿게 되고 구원을 받아 세례까지 받게 되었다는 것이다.

"설령 하나님께서 당신의 생명을 거두어 가신다고 할지라도 천국에 갈 것이니 염려하지 마십시오. 그리고 희망을 가지고 기도해 봅시다."

하나님께서는 우리의 질병과 연약함을 모두 담당하셨다. 또한 어떤 질병이 되었든지 능히 고치실 수 있다. 하지만 보다 크게 생각해 보자. 그렇게 병 나음을 입었다고 하더라도 언젠가는 하늘나라에 가야 하는 것 아닌가? 여기에는 어느 인생 하나 예외가 없다.

병이 낫는 기적이 임할 수도 있고 그렇지 않을 수도 있다. 하지만 크리스천이라면 병이 낫든지 낫지 않든지 상관없이 항상 감사할 수 있어야 한다. 죽음까지도 감사할 수 있어야 한다. 문제는 대부분의 사람들이 병에서 고침을 받아야만 좋은 것이고 은혜를 입은 것이라고 인정한다는 점이다. 그렇다면 하나님 나라에 가는 것이 나쁜 일이란 말인가? 입장을 바꾸어 생각해 보자. 이 땅에서는 이별의 아픔이겠지만 하늘나라에서 보면 천국 입학의 기쁨이다.

천국 입학을 앞두고 이렇게 고백하는 성도가 있다면 얼마나 감격스러울까?

"목사님 감사합니다. 그동안 좋은 목사님을 만나서 믿음생활 잘하다가 이제 하나님 나라에 갑니다. 목사님, 내가 하늘나라에서도 목사님을 위해서 기도하겠습니다. 목사님도 사역 잘 하시다가 천국에서 만나요."

전신마취에 들어가기 전에는 대부분의 사람들이 긴장한다고 한다. 그 순간 태도를 보면 그 사람의 신앙이 진짜인지 가짜인지 분별할 수 있는데, 믿음이 좋은 분들은 평안하게 마취에 들어가는 반면 믿음생활이 시원치 않는 사람들은 불안해한다고 한다. 마취에서 풀려 의식이 돌아올 때에도 신앙 상태를 알 수 있다고 한다. 평소에 신앙생활을 잘하신 분들은 무의식 속에서도 하나님께 감사하기 때문이다.

겉사람이 늙어가는 것이 말할 수 없는 고통인가? 그렇다면 진정한 그리스도인이라고 보기 힘들다. 겉사람은 늙어가지만 속사람이 새로워지므로 감사하는 자만이 신실한 크리스천이라고 할 수 있을 것이다.

파란 콩깍지가 보기에는 좋다. 하지만 그 안에 들어있는 콩은 영글지 못했다. 반면 노란 콩깍지가 보기에는 보잘것없지만 그 안에 들어있는 콩은 탱탱하게 영글어있음을 기억하자. 노랗다 못해 비틀어진 콩깍지에서는 잘 영근 콩이 튀어나온다. 콩깍지가 확 비틀어지는 상태를 우리 인생으로 적용하여 표현하자면 '임종'이 된다.

장수는 하나님이 주시는 복이 분명하다. 나 역시 그 사실을 부인하지는 않는다. 그러나 장수하는 어르신들을 보면 하나님의 복을 누려 오래 사시는 분들도 있지만 때로는 다른 이유, 즉 아직까지 천국의 입학 허락이 내려지지 않아서 이 땅에 사시는 분들도 있다.

90세가 넘도록 성숙한 그리스도인이 되지 못하여 천국에 갈 수 없다면 도대체 언제 입학허가를 받으려고 하는가? 70이 넘도록 날마다 에어로빅만 하고 화장, 문신, 외모에만 신경을 쓰는 할머니도 보았다. 그렇게 인생을 살다 보면 도무지 내면이 성숙할 시간이 없다. 말씀을 먹고 기도하고 전도하고 주님을 사랑할 때 내 안에 주님으로 꽉 차면서 영혼이 성숙해갈 것인데 겉만 신경 쓰고 속에는 도무지 관심조차 없는 어르신들이 얼마나 많은가?

예수님은 33세에 돌아가셨고 스데반 집사님 역시 젊은 나이에 순교했으며 사도 바울은 64세에 하나님께서 부르셨다. 물론 믿음의 사람들 가운데 장수의 축복을 누린 사람들도 많다. 하지만 그렇지 않은 사람들도 얼마든지 많다는 점을 잊지 말자. 머리에 흰

눈이 내리신 어르신들을 뵈면 장수의 복을 받아 누리시는 모습에 감사할 때도 있지만 때로는 성숙한 그리스도인이 되지 못하신 모습을 바라보며 안타까울 때도 많다.

이것이 우리 삶을 바라보는 양면의 눈이다. 언제나 한 쪽 면만 보지 말고 양면을 모두 볼 수 있어야 한다. 스데반 집사님이 돌에 맞아서 순교한 것은 분명 있을 수 없는 비극이다. 하지만 하나님 우편에서 이 사건을 본다면 하나님이 벌떡 일어나신 놀라운 사건이기도 하다. 그만큼 하나님께서 귀하게 보시는 죽음이었다는 것이다. 모름지기 성도라면 하나님이 귀히 보시는 죽음이 되어야 하지 않을까?

세상과 교회, 현상과 본질, 육체와 영혼의 길이와 질적인 깊이를 비교해 보자. 육신은 길어야 70년 아니면 80년이다. 반면 영혼은 영원하다. 영원 앞에 80년이라는 세월이야말로 얼마나 덧없고 초라한가? 보이는 것은 보이지 않는 것에 비하면 점과 같이 아무것도 아님을 알아야 한다. 그런데 왜 영원을 사는 그리스도인들이 별것도 아닌 것을 놓고 아옹다옹하면서 살아가는가?

축복의 말씀 10

현상에는 없는 행복

스스로 돌이켜 볼 때 최고의 목회자라고는 자부할 수 없다. 하지만 최선을 다한 목회자라고는 생각한다. 집에서 잠을 잔 날보다 교회에서 잠든 날이 많다. 미안한 이야기지만 아내의 생일조차 제대로 챙겨주지 못했다. 아버지로서 인생도 자신 없다. 운동회 한번 간적이 없으니 말해 무엇하겠는가? 가장으로서, 남편으로서, 아버지로서 부족한 것뿐이다. 변명 같지만 목회도 잘하고 가장 역할도 잘하기란 너무나 힘들다. 아니 불가능에 가깝다.

그런데 내가 만일 아내 생일 챙기고 아이들 운동회 참석하느라 목회에 소홀했다면 어찌 제대로 목회할 수 있었겠는가? 목사님 본을 받아서 성도들도 자녀의 운동회 쫓아다니느라 예배에 참석하지 않는다면 뭐라 말하겠는가?

여러모로 부족한 아버지임에도 불구하고 우리 집 아이들은 나를 존경하고 잘 따라준다. 여기에는 아내의 역할이 지대하다. 아이들이라고 왜 서운할 때가 없었겠는가? 하지만 그럴 때마다 아내는 이렇게 이야기하면서 아이들을 설득했다.

"우리가 해야 하는데 하지 못하는 하나님의 일을 아빠가 저렇게 열심히 하시니 얼마나 감사하니? 우리가 이해하고 양보해야 아빠가 하나님의 일을 마음 놓고 할 수 있을 거야. 만일 우리가 아빠를 빼앗는다면 어떻게 아빠가 하나님의 일을 하겠니? 너희들이나 내가 아빠처럼 할 수 있을까? 우리가 하지 못하는 일들을 아빠가 해주시니 감사하자."

그런데 모든 아내가 이렇게 말하는 것은 아니다.

"내가 일생에 후회하는 것 한 가지가 있다면 너희 아버지 만난 거야. 너희 아빠 하는 일이 무슨 하나님 일이라냐? 자기가 좋아서 혼자 저러고 다니는 거지."

이러한 엄마의 말을 듣고 자란 자녀들이 아버지에 대해서 어떻게 생각하겠는가? 그러니 무슨 일이 있더라도 자녀들 앞에서는 남편이나 아내의 흉을 보지 말아야 한다. 평신도라면 목사님의 흉도 보지 말아야 한다. 가장 쉽고 간단한 자녀 저주법을 아는가? 자녀들 앞에서 목사님의 흉을 보는 것이다.

"그런 사람이 무슨 목사라냐?"

그러면 아무것도 모르던 아이들 역시 강단에 서신 목사님을 보면서 이런 생각부터 든다.

'저게 무슨 목사야?'

그런 마음가짐으로 어떻게 은혜를 받겠는가? 이것이야말로 자녀의 영혼이 저주받게 하는 지름길이다.

온전한 사람이 있는가? 흠을 보려고 작정한다면 그 누구도 피해갈 수 없다. 흠을 보려고 하면 다 흠이 될 것이고, 칭찬하려고 하면 다 칭찬이 된다.

하나님께서 복을 주시어 교회가 부흥되고 교회의 재정도 넉넉해졌다. 사택도 넓은 곳으로 이사 가서 삶의 형편은 두루두루 좋아졌다. 그런데 언제부터인가 내 마음속에 기쁨이 없다. 교회도 부흥되고, 사례비도 많아지고, 사택도 넓어졌으며 차도 좋아졌다. 분명히 조건들은 모두 좋아졌는데 정작 내 안에 기쁨이 없다.

"왜 그럴까?"

나는 인생의 고비를 만날 때마다 '하나님께서 기도의 장소로 부르시는가 보다.'라고 생각한다.

강하게 기도하는 가운데 깜짝 놀랐다. 내가 본질이 아닌 현상에 치우쳐있는 것이 아닌가? 기도나 목회 초점이 본질에서 벗어나

현상 쪽으로 치우쳐있었다. 자동차 하나만 놓고 보아도 내 자신이 현상에 치우쳤음을 알 수 있다.

지금까지 자동차를 여러 대 바꾸었다. 그런데 자동차를 구입할 때의 기쁨으로 치자면 첫 번째 차, 대전에서 살 형편조차 되지 못해서 서울까지 올라가서 구입했던 짙은 하늘색 승합차에 견줄 것이 없다. 중고시장에 가보니 흠집이 전혀 없는 차가 있다. 중고라고 하지만 겉만 봐서는 새 차나 다름없다. 알아보니 원래 차주가 자가용처럼 타고 다니던 것인지라 주행거리도 얼마 되지 않는다. 마음에 쏙 든다. 그래서 예상보다 훨씬 많은 값을 치르고 그 차를 사서 대전으로 내려오는데 얼마나 기쁜지 도저히 차를 올라타고 올 수 없을 것만 같다. 마음 같아서는 차를 업고 내려가야만 할 것 같다.

대전에 도착하고 보니 사람들이 모두 그 차만 노리는 자들로 보인다. 지금 생각해 보면 남들의 시선조차 받기 힘든 중고차에 불과하다. 하지만 그때는 얼마나 걱정이 되던지 문을 잠그고 열쇠를 빼는 것만으로는 마음이 놓이지 않아서 비상스위치를 설치했다. 마음이 편하지 않다. 그래서 핸들과 브레이크를 묶는 잠금장치까지 설치했다. 이 차를 가지고 가려면 이 네 가지를 모두 풀어야만 한다. 대통령 리무진은 가지고 갈지언정 이 차는 누구도 손대지 못하도록 만반의 준비를 하였다. 그만큼 기쁘고 행복했다.

교회가 부흥하면서 점점 더 좋은 차로 바꾸게 되었음에도 불구

축복의 36가지 말씀

하고 문제는 내가 행복하지 않더라는 것이다.

"왜 행복하지 않을까?"

그때 아주 중요한 사실을 깨달았다. 행복은 현상 속에 있지 않다는 것이다. 돈을 잔뜩 쌓아놓고 살면 행복할 것이라 믿으며 헛물 들이키는 사람들이 많다. 그러다 보니 기도할 때에도 현상만 놓고 간구한다.

현상을 향한 기도를 하는가, 아니면 본질을 향한 기도를 하는가? 현상과 육체, 물질적인 것만 놓고 간구하는가, 아니면 본질과 영혼과 영적인 것을 놓고 간구하는가? 우리의 사고와 관심은 도대체 어디에 있는가?

대령이 된 군인은 별을 달게 해달라고 기도한다. 별을 달고 나면 그다음에는 본질을 놓고 기도하는가? 아니다. 그다음에는 별 두 개를 달게 해달라고 기도한다. 그다음에는 군단장이 되게 해달라고 기도한다. 그렇게 기도가 응답 되어 별을 네 개까지 달게 되면 남는 것은 무엇인가? 2년 후에 옷을 벗는 것뿐이다. 그러니 이젠 무슨 기도를 하는가? 국회의원이 되게 해달라고 기도하게 되고 그다음에는 장관, 그다음에는 총리, 그다음에는 대통령이 되기를 원하게 된다.
  그렇다면 대통령이 되면 행복이 보장되는가? 본인은 어떤지 모르겠지만 내 생각에는 내가 훨씬 더 행복할 것 같다. 지위만 놓고 따지자면 그 어른은 대통령이고 나는 국민 한 사람에 불과하다. 하지만 행복지수를 놓고 보자면 나는 정말 기쁜데 그분은 어떨지 의문이다.

행복에는 객관적인 행복과 주관적인 행복이 있다. 객관적으로 남한과 북한을 본다면 어느 곳이 더 행복할까? 두 말할 것도 없이 남한이다. 그런데 남한 사람들이 모두 행복하다고 느끼면서 살아 가는가? 객관적으로 볼 때 북한은 불행한 나라이다. 하지만 북한 사람들이 모두 불행하다고 느끼면서 살아가는가? 그들은 '이런 지 상 낙원이 어디 있는가?' 생각하면서 살아간다. 우리가 보기에는 그렇게 사느니 차라리 죽는 것이 나은 삶임에도 불구하고 그들은 전혀 느끼지 못하고 살아간다.

본질을 찾아가는 인생

스위스나 네덜란드, 덴마크 국민들은 어떨까? 그들은 인생을 즐길 줄 안다. 집회 인도차 미국에 갔을 때 그랜드 캐년을 간 적이 있다. 가보니 미국 사람도 많고 한국 사람도 많다. 미국 사람들은 공항 리무진 버스에서 내리면서 감탄사를 연발한다.

"Wonderful!"
"Beautiful!"

그런데 한국 사람들은 이렇다.

"빨리 내리십시오."
"줄 서십시오."
"사진 찍으십시오."

"서둘러 자동차에 타십시오."

남는 것은 사진밖에 없다면서 마구 찍어댄다. 그러니까 분명 여행을 다녀왔는데 사진을 봐야 그 풍경이 생각난다. 왜 그럴까? 사진이라는 현상은 남았지만 그 웅장한 계곡을 통하여서는 아무런 감동도 느끼지 못했기 때문이다.

"하나님의 솜씨가 어쩌면 이렇게 위대할 수 있을까?"

하나님을 향한 "주님의 높고 위대하심을 내 영혼이 찬양하네" 찬양이 저절로 나오는 위대한 창조 작품을 보고도 사진만 찍고 발걸음을 재촉하여 서둘러 다른 곳으로 움직인다. "빨리빨리" 이 말은 세계적으로 유명하다. 오죽하면 부흥 집회가 있어 대만에 갔다가 점심을 먹으려고 식당에 갔는데 주문을 받던 웨이터가 주방을 향해서 이렇게 외친다.

"빨리! 빨리!"

우리 말 가운데 세계적으로 가장 널리 알려진 말이 "안녕하세요"가 아니라 "빨리빨리"라고 한다. 물론 "빨리빨리" 정신이 세운 위대한 업적도 있다. 우리나라가 이만큼 발전할 수 있었던 것 역시 "빨리빨리" 덕분이기에 고마운 점도 있다. 하지만 그 이면을 살펴보자. 모든 것을 빨리빨리 하다 보니까 빠르고 바쁘게는 살아왔지만 즐기면서 살아오지는 못했다. 감격과 감탄이 없이 살다 보니 엄청난 풍경을 보면서도 본질이 되는 감격을 상실하고 만 것이다.

경험상 부자일수록 감격에 둔하다. 부자일수록 본질을 느끼지 못한다. 아주 똑똑하고 야무진 사람들은 아름다움이라는 본질을 보지 못하고 하루하루를 현상에 빠져서 살아간다. 반면 어수룩한 사람일수록 아름다움을 느낀다. 그러니 삶의 형편이 나아진다고 해서 절대로 행복한 것은 아니며, 행복이란 절대로 객관적이지 않다.

아름다운 스위스에서 살면 날마다 행복할 것 같은가? 하지만 정작 그 나라의 자살률이 얼마나 높은지 모른다. 선진국일수록 자살률이 높다. 그렇다면 아프리카 난민들은 어떨까? 꽃으로도 때리지 말라(김혜자 지음, 오래된미래 펴냄)를 보면 '이렇게 살아가는 사람들도 있구나.' 하는 생각이 든다.

빵 하나 얻으려고 몇 십리 길을 걸어서 온다. 그렇게 힘들게 받은 빵을 들고 다시 몇 십리 길을 되돌아 집으로 간다. 아픈 동생과 나누어 먹어야 하기 때문이다. 그렇게 사느니 차라리 죽는 것이 나을 것 같은가? 하지만 그들은 절대로 자살하지 않는다. 굶어서 죽는 일은 있을지 몰라도 자살하는 일은 없다. 왜 그런가? 객관적인 행복지수와 주관적인 행복지수는 다르기 때문이다. 그들은 구호물자 하나만 가지고도 얼마나 기뻐하는지 모른다.

그렇다면 하나님 입장에서 생각해 보자. 어느 지역의 사람들은 먹을 것 하나만 가지고도 감사하고 기뻐하는데 또 어떤 곳에서는 평생 먹을 것이 보장되어 있어도 감사하지 못하니 어떤 마음이시겠는가? 이처럼 자신의 시각으로만 볼 것이라 아니라 하나님의 시각으로 우리의 인생을 바라볼 수 있어야 한다.

의사들의 말에 의하면 북한 동포들의 병은 대부분 고칠 수 있다고 한다. 왜 그런지 아는가? 먹지 못해서 생긴 병이기 때문에 먹을 것만 공급되면 나을 수 있다는 것이다. 하지만 남한은 다르다. 너무 많이 먹어서 생긴 병인지라 고치기가 힘들다고 한다. 굶어서 생긴 병은 먹으면 났지만 너무 많이 먹어서 생긴 병은 굶어서 생긴 병보다 고치기 힘들다는 것이다.

그렇다면 우리의 삶의 방향부터 잘못된 것은 아닐까? 본질을 찾아가는 인생이 되어야 한다. 나무를 보면 아름다움을 느낄 수 있기를 바란다. 바다를 보면 깨끗함을 느낄 수 있기를 바란다. 이렇게 사물을 바라보면서 본질을 발견할 수 있는 눈과 마음을 갖자. 그렇게 되기 위해서는 우리들의 삶과 기도, 관심이 본질 쪽으로 방향을 선회해야 한다.

본질의 짐과 육체의 짐

탕자는 어느 곳으로 방향을 정했는가? 현상이다. 쾌락이 있을 것 같은 곳으로 방향을 정했다. 여자가 있을 것 같은 곳으로 방향을 정했다. 향락이 있을 것 같은 곳으로 방향을 정했다. 그렇게 현상을 향한 발걸음을 내딛기 시작했다. 그런데 이처럼 현상을 향해 신기루를 찾아가는 발걸음이 어떠했는가? 결국에는 회개하고 본질로 돌아오지 않았는가? 본질 즉 말씀으로 돌아왔다.

세상은 현상이고 말씀은 본질이다. 즉 세상 사람들은 본질 없이 살아가기 때문에 만족함이 없고 행복을 느끼지 못한다. 그리고 항상 무거운 짐에 짓눌려 힘겹게 살아간다. 사실 그리스도인이라고 해서 짊어진 짐이 없지는 않다. 그런데 놀라운 사실은 영적인 짐은 짊어지면 짊어질수록 힘이 난다는 점이다.

본질의 짐은 질수록 힘이 솟는다. 영적인 고민은 많이 할수록 신령해진다. 반면 육체적인 짐은 많아질수록 핍절하게 된다. 영적인 고민, 본질적인 고민은 나로 하여금 성숙과 축복을 가져오지만 육체적인 고민은 나를 쇠하게 한다. 이것이 바로 영적인 짐과 육체적인 짐의 수준 차이이다.

한 사람도 예외 없이 '죄'라는 무거운 짐을 지고 살아간다. 아무리 떨쳐버리려고 해도 떨쳐지지 않는 것이 죄의 짐이다. 이 죄의 짐을 놓고 고민한 사람이 바로 다윗이다. 시편을 읽게 되면 다윗이 죄의 짐으로 인해 얼마나 고민했는지 알 수 있다. 다윗은 시편 32편에서 이렇게 고백한다.

허물의 사함을 받고 자신의 죄가 가려진 자는 복이 있도다 마음에 간사함이 없고 여호와께 정죄를 당하지 아니하는 자는 복이 있도다 내가 입을 열지 아니할 때에 종일 신음하므로 내 뼈가 쇠하였도다 주의 손이 주야로 나를 누르시오니 내 진액이 빠져서 여름 가뭄에 마름 같이 되었나이다(셀라) 내가 이르기를 내 허물을 여호와께 자복하리라 하고 주께 내 죄를 아뢰고 내 죄악을 숨기지 아니하였더니 곧 주께서 내 죄악을 사하셨나이다(셀라) 이로 말미암아 모든 경건한 자는 주를 만날 기회를 얻어서 주께 기도할지라 진실로 홍수가 범람할지라도 그에게 미치지 못하리이다 주는 나의 은신처이오니 환난에서 나를 보호하시고 구원의 노래로 나를 두르시리이다(셀라) 내가 네 갈 길을 가르쳐 보이고 너를 주목하여 훈계하리로다 너희는 무지한 말이나 노새 같이 되지 말지어다 그것들은 자갈과 굴레로 단속하지 아니하면 너희에게 가까이

축복의 36가지 말씀

가지 아니하리로다 악인에게는 많은 슬픔이 있으나 여호와를 신뢰하는 자에게는 인자하심이 두르리로다 너희 의인들아 여호와를 기뻐하며 즐거워할지어다 마음이 정직한 너희들아 다 즐거이 외칠지어다

"허물의 사함을 얻고 그 죄의 가리움을 받은 자는 복이 있도다" 라고 말씀하시니 실로 대단한 표현 아닌가?

시 32:3
내가 입을 열지 아니할 때에 종일 신음하므로 내 뼈가 쇠하였도다

몸이 마르는 것이 아니라 뼈까지 마른다고 다윗은 표현한다. 뼈가 쇠한다니 얼마나 대단한 표현인가? 이것이 스트레스이고 억압이며 죄의 짐을 지고 사는 사람에게 나타나는 현상이다.

견디다 못한 다윗은 하나님께 고백한다.

시 32:5
내가 이르기를 내 허물을 여호와께 자복하리라 하고 주께 내 죄를 아뢰고 내 죄악을 숨기지 아니하였더니 곧 주께서 내 죄악을 사하셨나이다(셀라)

죄의 짐을 내려놓을 수 있는 다른 방법은 없다. 오직 회개만으로 죄의 짐을 풀 수 있다. 삶 가운데 있는 죄의 짐을 어떻게 하겠는가?

무거운 짐을 나 홀로 지고
견디다 못해 쓰러질 때
불쌍히 여겨 구원해 줄 이
은혜의 주님 오직 예수

젊은 시절, 특히 연애를 할 때에는 얼마나 외모에 신경이 쓰이는지 모른다. 시골에 살았던 나는 데이트 약속이 있으면 집을 나설 때마다 옷에 흙물을 묻히지 않으려고 노력했다. 아무리 조심스럽게 다녀도 집에 와서 보면 바짓가랑이에 흙이 묻어 있다.

마찬가지이다. 이 세상에 사는 동안 아무리 죄를 짓지 않으려고 노력하고 몸부림칠지라도 돌아서면 죄고 돌아서면 허물이다. 죄를 짓지 않으려고 그렇게 노력했지만 나도 모르는 사이에 생각으로, 마음으로, 입으로, 손으로, 발로 죄를 짓게 된다. 이것은 땅을 밟고 사는 동안 어쩔 수 없는 일이다.

어린 시절 붉은색 대야에 물을 담아서 목욕했던 기억이 있다. 추석 전날이나 설 전날이면 일 년에 한두 차례 목욕을 했다. 추석 전은 그래도 참을만한데 설 때는 얼마나 추운지 모른다. 그래도 설빔을 입으려면 반드시 목욕을 해야 한다. 물론 설빔이라고 사주신 옷도 몸에 딱 맞는 것은 아니다. 몇 해는 입어야 하기 때문에 소매든 바지든 두세 번은 족히 접어야만 겨우 길이가 맞는다.

검은 솥에서 끓인 물을 붉은 대야에 옮겨 부은 어머니는 나에게 들어가라고 한다. 아직도 뜨거운 김이 하얗게 오르는 물에 들어가라는 것이다. 나는 도저히 못 들어가겠다고 하는데 엄마는 뭐가 뜨겁냐고 하시면서 어서 들어가라고 한다. 그렇게 실랑이를 하다가 한 대 맞으면 징징거리며 들어간다.

'어머니는 뜨겁지 않다고 하시는데 왜 나는 뜨거울까?'

어머니는 손만 집어넣었고 나는 몸을 집어넣었기 때문이다. 손이 느끼는 체감온도와 몸이 느끼는 체감온도는 다르니까 어머니는 뜨겁지 않을지 몰라도 나는 뜨거운 것이다.

대야 속에 들어가면 얼마나 뜨거운지 처음에는 가만히 있어야 한다. 그렇게 몸을 불린 다음에 때를 밀면 그야말로 가관이다. 한나절은 벗겨야 겨우 말끔해진다.

힘들게 목욕을 하고 나면 또 때가 생길까 걱정이 되어 조심하게 된다. 그런데 아무리 조심해도 보름만 지나면 때가 생겨있다. 아무리 벗겨도 때가 생기는 것처럼 우리들의 죄악 역시 아무리 씻고 또 씻어도 생기기 마련이다.

노력해서 깨끗하게 살 수 있는 것이 아니기 때문에 날마다 은혜 가운데 거하지 않으면 아무리 경건하게 살고자 애쓸지라도 경건할 수 없다. 날마다 하나님의 은혜를 받고 은혜 가운데 거하는 자만이 경건한 삶을 살 수 있다.

죄의 짐을 놓고 고민하지 말고 날마다 은혜 가운데 거하면서 주님 앞에 나아와 용서받는 인생으로 살기를 바란다.

예수 믿는 사람은 죄를 짓더라도 하나님 앞에 나아가 회개하면 용서받을 수 있다. 그런데 믿지 않는 사람들은 죄를 지은 후 반성은 할 수 있지만 회개할 곳이 없다. 그러다 보니 용서를 받지도 못한다. 잘못을 했을 때 반성만 하면 되는가? 아니다. 죄 사함까지 받아야 한다. 그래야만 마음에 있던 죄의 짐이 벗겨지기 때문이다.

　　　　　　　　～～～～～～ 축복의 36가지 말씀

하나님도 도울 수 없는 인생

탕자야말로 죄의 짐으로 인해 고민했다. 탕자는 아버지의 집에서 살지 못하고 떠났다. 아버지가 거하시는 아버지의 집에서 살다가 세상으로 뛰쳐나가 허랑방탕한 생활을 하였으니 되는 일이 없는 것도 당연하다.

모든 일이 뜻대로 되지 않았을 때 탕자가 기도를 했을까, 하지 않았을까? 그도 나름대로 기도했을 것이다. 이렇게 추측하는 근거가 있다. 요즘 말로 하자면 탕자는 모태신앙이다. 그러니까 나름대로 습관처럼 기도했을 것이다. 그런데 아무리 기도해도 응답이 되지 않는다. 왜 그럴까? 탕자의 위치가 잘못되었기 때문이다. 그러니 하나님일지라도 도저히 응답해 주실 수 없었다. 탕자의 잘못된 위치가 기도 응답을 받지 못하는 이유인 것이다. 이처럼 신앙생활을 할 때 위치는 너무나도 중요하다.

탕자가 회개하고 아버지에게로 돌아왔다. 그런 후 그가 드린 기도는 오직 한 가지이다.

눅 15:18, 19

아버지 내가 하늘과 아버지께 죄를 지었사오니 지금부터는 아버지의 아들이라 일컬음을 감당하지 못하겠나이다 나를 품군의 하나로 보소서

예수님을 믿고 착한 사람이 있는가 하면 믿지만 나쁜 사람도 있다. 또 믿지 않지만 착한 사람이 있는가 하면 믿지 않으면서 나쁜 사람도 있다. 그런데 대체로 믿는 사람이 착하고 믿지 않는 사람이 착하지 않다. 대체로 믿는 집은 형통하고 믿지 않는 집은 어렵다.

그런데 아무리 전능하신 하나님일지라도 도울 수 없는 그리스도인 가정이 있다. 깨닫지 못하는 가정, 믿지 못하는 가정이 그러하다. 매일 술 마시고 담배 피우면서 방탕한 삶을 사는데 어떻게 도우시겠는가? 아무리 자기가 낳은 자식이지만 도울 수 없는 자식, 재산을 물려주면 안 될 것 같은 자식이 있지 않은가?

훌륭한 자식과 형편없는 자식과는 차이가 있다. 훌륭한 자식은 이렇게 말한다.

"아버지 신경 쓰지 마세요. 아버지가 모으신 재산이니까 아버지가 알아서 하세요. 저는 제 힘으로 살 수 있습니다."

반면 형편없는 자식은 이렇게 말한다.

"아버지, 정신 좋을 때 정리할 것은 정리하세요."

남이 해야 할 소리를 자기가 하면 형편없는 사람이고 자기가 해야할 소리만 하는 사람은 훌륭한 사람이다. 정신 좋을 때 정리해서 달라는 것이 자식 입장에서 가당키나 한 소리인가?

입장을 바꾸어놓고 생각해 보자. 자식에게 그런 말을 듣는 부모의 마음이 어떻겠는가? 아버지가 해야 할 말과 생각이 따로 있고 자식이 해야 할 말과 생각이 따로 있는 것 아닌가?

이렇게 정신 차리지 못한 자식에게 돈까지 준다면 불 보듯 뻔한 일 아닌가? 그런데도 정작 본인은 얼마나 위험한지 모르고 달라고 떼를 쓴다.

정상적으로 사는 사람들은 정상적으로 생각한다. 때문에 잘 살고 못 살고를 떠나서 정도에서 벗어난 말은 입에 담지 않는다. 그것이 크리스천들의 올바른 사고, 올바른 사상, 올바른 인생관이다.

"예수 믿으면 뭐가 좋습니까?"

이렇게 묻는 사람들이 많다. 그런데 가장 좋은 것 가운데 하나가 '정신부터 바로 설 수 있다'는 점이다.

주님 앞으로 나왔다고, 신앙생활을 한다고 하지만 하나님이 도우실 수 없는 인생으로 살아가고 있지는 않은가? 잘못된 위치에

서있기 때문에 아무리 하나님일지라도 도울 수 없는 인생으로 살아가고 있지는 않은가?

그렇다면 어디가 잘못된 위치인가? 아버지의 집을 벗어나면 잘못된 위치이다. 말씀에서 벗어나면 잘못된 삶이다. 그렇다면 어떻게 하는 것이 말씀을 벗어난 상태인가?

마 6:31-34

그러므로 염려하여 이르기를 무엇을 먹을까 무엇을 마실까 무엇을 입을까 하지 말라 이는 다 이방인들이 구하는 것이라 너희 하늘 아버지께서 이 모든 것이 너희에게 있어야 할 줄을 아시느니라 그런즉 너희는 먼저 그의 나라와 그의 의를 구하라 그리하면 이 모든 것을 너희에게 더하시리라 그러므로 내일 일을 위하여 염려하지 말라 내일 일은 내일 염려할 것이요 한 날 괴로움은 그 날에 족하니라

주님은 본질 즉 이렇게 기도하라고 하신다.

"주님, 내 마음에 천국이 이루어지게 하옵소서.
내 마음이 청결하여 주를 보기 원합니다."

이러한 본질이 이루어질 때 하나님께서 그 모든 것을 더하여 주시지 않겠는가? 깨끗함 속에 받는 복이 진정한 축복이다. 그렇지 않은 복은 오히려 저주인데 왜 그것을 모르는지 참으로 안타깝다.

수준 없는 사람의 손에 권총이 쥐어진다면 어떻게 되겠는가? 아무 데나 총을 쏘아댈 것이다. 정치인들도 마찬가지이다. 그들에게 주어진 권력을 깨끗한 곳에 쓰지 않고 엉뚱한 곳에 남용한다면 어찌 되겠는가? 힘을 가질수록, 돈을 가질수록 맑고 깨끗해야 한다. 그래야 나라도 좋아지고 삶도 윤택해진다. 속이 시커먼 사람이 권력을 가진다면 어떻게 되겠는가? 이처럼 '권력이라는 현상'이 중요한 것이 아니라 그 '권력을 가지고 있는 사람의 본질'이 더욱 중요하다.

아버지에게로 돌아온 후 탕자가 드린 기도는 어떻게 되었는가? 이처럼 기도의 응답을 통해서도 그 사람의 위치를 알 수 있다. 또 기도하는 내용만 들어보아도 그 사람의 신앙 상태를 알 수 있다.

"아버지, 내가 무엇을 아오리까.
나는 아버지의 아들인 것으로만 족하나이다"

"내가 예수 믿고 구원받으면 족하나이다. 내가 무엇을 더 구하리까? 그저 감사한 것뿐입니다."

이렇게 기도하고 간구한다고 해서 하나님께서 아무것도 주시지 않겠는가? 아니다. 하나님께서는 우리에게 있어야 할 것을 이미 잘 알고 계신다. 그러니 우리가 제대로 알아야 할 것은 기도의 본질부터 찾는 것이다.

요 15:5

나는 포도나무요 너희는 가지니 그가 내 안에, 내가 그 안에 거하면 사람이
열매를 많이 맺나니 나를 떠나서는 너희가 아무 것도 할 수 없음이라

"저가 내 안에, 내가 저 안에 있으면" 이 말씀은 위치를 뜻한다.
그런데 아버지가 내 안에 거하시고 내가 아버지 안에 있는 것에는
도무지 관심도 없으면서 날마다 현상만 놓고 간구하지는 않는가?
그렇게 기도하면서 "아무리 기도해도 소용없더군."라고 투덜거리
지는 않는가?

교회 다니다가 중단한 사람들이 종종 하는 말이 있다.

"나도 교회 많이 다녀봤어."

한때 교회를 다녀봤을지는 모른다. 하지만 제대로 믿어본 적은
없는 것이다. 주님을 제대로 만나고, 제대로 믿고, 제대고 간구하
길 바란다.

4장

인생의
짐

인생의 짐

인생의 짐은 크게 몇 가지로 나누어 생각할 수 있다.

첫 번째로 모든 짐은 해결된다. 과정에서 어려움은 있겠지만 어떤 짐이든 결국에는 반드시 해결된다. 문제는 도저히 해결되지 않을 것이라는 생각에 있다.

질병의 짐만 하더라도 반드시 해결된다. 문제는 살아서 낫는가, 죽어서 낫는가 하는 차이만 있을 뿐이지 언젠가는 낫게 된다. 즉 '세월'이라는 약만 먹으면 무슨 짐이든 해결된다는 말이다.

두 번째로 해결되지 않는 짐도 해결이다. 짐을 무거운 가방이라고 생각해 보자. 이것을 해결하는 가장 빠르고 정확한 방법은 무거운 가방을 벗는 것이다. 그런데 어떤 짐은 벗어지지 않는다. 그렇게 해결되지 않음에도 불구하고 해결된다고 하는 이유가 있다.

계속 짐을 지고 다니다 보면 나중에는 짐이 있는지 없는지 조차 느끼지 못하게 되기 때문이다.

분명히 아주 무거운 짐을 졌는데 정작 본인은 짐을 지고 있다는 것을 느끼지 못한다면 해결된 것이 아닌가? 이런 상태를 '십자가'라고 한다. 아무리 힘든 십자가일지라도 계속 지고 가다 보면 감당할 수 있는 힘이 생긴다.

세 번째로 짐은 성숙으로 이끈다. 성경에 있는 믿음의 사람들을 보자. 짐이 없었던 사람이 있는가? 한 사람도 예외 없이 짐이 있었다. 히스기야만 하더라도 39살에 질병이라는 짐을 가지고 생명을 걸고 벽을 향하여 기도하지 않았는가?
히스기야의 죽음이 임박했다는 것은 히스기야의 생각이 아니라 하나님께서 이사야 선지자를 통하여 주신 말씀이었다. 그렇다면 어떻게 하는 것이 마땅한가? '아멘'으로 받아들이는 길뿐이다. 그런데 히스기야는 어떻게 하는가?

"안 됩니다."

그리고는 부르짖어서 간구한다. 이때 우리가 시선을 모아야 할 부분은 히스기야의 기도 내용이다. 그가 부르짖어 간구하는 기도 내용이 얼마나 기막힌지 모른다.

"내가 전심으로 주를 위하여 살아온 것을 기억하사 나를 살려 주옵소서"

죄의 짐

탕자의 기도 소리를 들어보자.

눅 15:18,19

아버지 내가 하늘과 아버지께 죄를 지었사오니 지금부터는 아버지의 아들이
라 일컬음을 감당하지 못하겠나이다 나를 품군의 하나로 보소서

이때 아버지가 이렇게 말씀하시겠는가?

"그래, 네가 알기는 바로 아는구나. 그러니까 이제 너는 우리 집
품꾼이다."

그렇지 않다.

눅 15:22-24

아버지는 종들에게 이르되 제일 좋은 옷을 내어다가 입히고 손에 가락지를 끼우고 발에 신을 신기라 그리고 살진 송아지를 끌어다가 잡으라 우리가 먹고 즐기자 이 내 아들은 죽었다가 다시 살아났으며 내가 잃었다가 다시 얻었노라 하니 저희가 즐거워하더라

이것이 아버지의 마음이다. 그렇다면 탕자가 받은 것은 그가 요구해서 아버지가 주신 것인가? 그렇지 않다. 그 무엇도 아깝지 않고 주고 싶은 것이 바로 아버지의 마음이다. 이처럼 아버지는 본질로 돌아올 때 모든 현상을 붙여주신다.

많은 성도들을 만나다 보면 애타게 살아도 불통하는 인생이 있는가 하면 순리대로 살아도 형통하는 인생이 있다. 살아보겠다고 그렇게 몸부림치는데도 하는 일마다 다 막히는 인생이라면 위치부터 잘못된 것은 아닌지 깨닫기 바란다.

말씀 안에 거하고 있는가? 누가복음 18장을 보면 바리새인이 주님께 뭐라고 말하는가?

눅 18:11, 12

바리새인은 서서 따로 기도하여 가로되 하나님이여 나는 다른 사람들 곧 토색, 불의, 간음을 하는 자들과 같지 아니하고 이 세리와도 같지 아니함을 감사하나이다 나는 이레에 두 번씩 금식하고 또 소득의 십일조를 드리나이다

반면 세리는 이렇게 기도한다.

세리는 멀리 서서 감히 눈을 들어 하늘을 쳐다보지도 못하고 다만 가슴을 치며 가로되 하나님이여 불쌍히 여기옵소서 나는 죄인이로소이다 하였느니라

이때 누가 더 의롭다 여김을 받았는가? 이 둘 사이에는 결정적인 차이점이 있다. 바리새인은 세리 앞에서 기도하고 있다. 하지만 세리는 하나님 앞에서 기도하고 있다. 세리의 눈에는 바리새인이 보이지 않았기에 오직 하나님만 바라보며 기도한 것이다. 그렇게 하나님 앞에 자신을 정직하게 세워놓고 기도하고 있다.

하나님 앞에는 모두 죄인이다. 때문에 자신보다 나은 사람도 없고 못한 사람도 없으며 잘난 사람도 없고 못난 사람도 없다. 누군가를 화두로 삼아 따따부따하는가? 그렇다면 벌써 위치부터 잘못되었다는 증거이다. 다른 사람의 흉이 곧 나의 흉이고 다른 사람의 허물이 곧 나의 허물임을 잊지 말자.

택시를 타고 가다 보면 운전사가 다른 운전자를 향하여 심하게 욕설을 내뱉을 때가 있다. 그럼 나는 뒤에서 이렇게 말한다.

"화내지 마십시오. 저 사람이 잘못했지만 운전하다 보면 저렇게 될 때가 더러 있습니다."

본의 아니게 실수할 수도 있지 않은가. 그러면 운전사는 이렇게 말한다.

"아닙니다. 저렇게 엉망으로 운전하기 때문에 사고가 나는 겁니다."

그런데 자기도 운전하다 보면 어느 순간 난폭하게 확 끼어든다. 그때 내가 이렇게 묻는다.

"저 뒷사람이 뭐라고 하는지 아십니까?"

네 흉이 내 흉이고 네 허물이 내 허물이다. 너나 나나 모두 죄인이기 때문에 다 거기에서 거기란 말이다. 그러니 사람 나은 사람 없고 사람 못한 사람 없다. 가지고 있으면 얼마나 가지고 있을 것이며 없으면 또 얼마나 없겠는가?

세상의 눈은 다르다. 사는 곳과 가진 것으로 상대방을 평가한다. 그러한 쓸데없는 허영심이나 자아도취가 인생의 참된 행복을 망각하게 한다.

부자가 매일 잔치했다고 해서 날마다 행복했을까? 그렇지 않다. 매일 잔치하는 사람은 절대 행복할 수 없다. 한 번만 더 생각해 봐도 알 수 있는 일 아닌가? 매일 잔치하는 사람이 어떻게 매일 행복할 수 있겠는가? 그렇다면 왜 매일 잔치를 벌였을까? 알 수 없는 지옥의 고통이 몰려오기 때문이다. 불안하다. 초조하다. 잠도 오지 않는다. 그냥 그대로 지낼 수 없으니 술기운을 빌어서라도 고통을 잊으려고 하는 것이다. 술기운으로라도 무거운 짐을 잊으려고 마시고 또 마신다. 취하고 또 취한다. 그렇게 밤이 새도록 마시고 취하는 것이다.

세상 재물이 많다고 해서 행복할까? 나사로를 생각해 보자. 그는 비록 거지였지만 하늘의 소망이 있었기 때문에 천국에서 밀려오는 기쁨을 누렸다. 먹을 것도 없고 가진 것도 없지만 항상 기뻤기에 이렇게 찬양할 수 있었다.

나는 기뻐요 정말 기뻐요
주 예수 사랑 기쁨 내 맘에
나는 기뻐요 정말 기뻐요
주 예수 사랑 기쁨 내 맘에

현상을 택하겠는가, 본질을 택하겠는가? 둘 가운데 하나를 선택해야 한다면 어느 편에 서겠는가?

많은 것을 가지고 있지도 못하고 대단하게 잘난 존재도 되지 못해도 내 안에 계신 예수님께 나의 짐을 내려놓고 기쁨의 삶을 누리며 하루하루 살아간다면 이것이 그리스도인의 삶이 아닐까?

시 32:5

내가 이르기를 내 허물을 여호와께 자복하리라 하고 주께 내 죄를 아뢰고 내 죄악을 숨기지 아니하였더니 곧 주께서 내 죄악을 사하셨나이다(셀라)

인생의 무거운 죄의 짐으로 힘들고 지친 자들에게 주님은 지금도 이렇게 말씀하신다.

마 11:28

수고하고 무거운 짐 진자들아 다 내게로 오라 내가 너희를 쉬게 하리라

주님 앞에 무거운 짐을 내려놓고 쉬는 것이 곧 신앙생활이다. 대부분의 그리스도인들이 일단 교회에 와서 기도하는 가운데 무거운 짐을 내려놓기는 한다. 그렇게 내려놓고 가면 되는데 그러지를 못하고 자리에서 일어날 때에는 다시 또 그 짐을 주섬주섬 싼다. 그리고는 이렇게 기도한다.

"주님, 다음 주에 또 이 짐을 가지고 오겠습니다."

온전히 하나님께 맡기자. 하나님께 내려놓자. 하나님께 고백하자. 그럴 때 눈물이 흐를 것이고 그렇게 흐르는 눈물이야말로 주님께서 내 죄를 용서해주셨다는 표시이다. 그리고 나면 마음이 가볍고 기쁘게 될 것이다. 무거운 짐을 내려놓을 때 비로소 평안과 자유와 가벼움을 느낄 수 있다.

이렇게도 좋은 인생을 살자고, 그리스도인의 삶 가운데 거하자고 하는데 왜 버티고 들어오지 않는지 참으로 안타깝다. 하루빨리 주님 앞에 죄의 짐을 내려놓고 자유함을 누리기 바란다.

축복의 말씀 16

근심 걱정의 짐

　현대인들이 병에 걸리는 주요 원인 가운데 하나로 스트레스를 꼽는 의사들이 많다. 얼마나 신경을 쓰는지 신경성 질환까지 걸린다는 것이다. 아파서 병원을 가니까 이렇게 말한다.

　"너무 신경 쓰지 마십시오."

　의사의 말대로 신경을 쓰지 않으면 간단할 것인데, 이제는 의사가 신경 쓰지 말라고 한 것까지 한 가지 더 신경 쓸 일을 보탠다.
　염주 알이 몇 개인가? 사람에게는 108가지 번뇌가 있다고 해서 염주 알도 108개이다. 그들은 염주 알을 하나씩 넘기면서 108개의 번뇌를 넘기자고 한다. 그런데 108 번뇌를 없애려고 노력하다 보면 109번째 번뇌가 생긴다는 사실을 아는가? 신경 쓰지 말자고 하면 더 신경 쓰이기 때문이다.

무엇이든 긍정적으로는 해결이 되지만 부정적으로는 해결되지 않는다. 가난하지 않으려고 노력하는 자는 가난할 수밖에 없다. 하지만 부자가 되면 가난은 저절로 없어지게 된다. 걱정 역시 떨쳐버리려고 해서 되는 것이 아니라 기쁨이 오면 저절로 없어지게 된다. 웃어서 슬픔을 없애야지 슬픔이 없어진 후 웃으려고 해서는 안 된다는 말이다.

그런데 세상 가운데 살면서 걱정을 떼어낼 정도로 기쁘게 사는 것은 거의 불가능하다. 자녀가 잘되면 잠시 걱정을 잊을 수는 있을 것이다. 하지만 영원히 걱정이 사라지는 것은 아니지 않은가? 그것을 없애려면 영적인 부분부터 해결되어져야 한다. 내 의지만 가지고는 그 걱정이 떨어지지 않기 때문이다. 자신의 의지로 떨어뜨릴 수 있는 걱정이라면 애당초 걱정이 붙으려고 했을 때 오지 못하게 할 수 있었을 것이다. 즉 예수님이 내 안에 들어오셔서 걱정을 떼어주셔야만 걱정이 떨어져 나갈 수 있다.

걱정은 절대로 그냥 떨어지지 않는다. 주님이 내 안에 들어오셔야만 떨어져 나간다. 내 힘으로 되는 것이 아니기 때문에 아무리 자신의 힘으로 떼어내려고 해도 떨어지지 않는다. 걱정하지 말자고 스스로 다짐하면 걱정이 되지 말아야 하는데 그래도 걱정이 되는 것은 이미 그것은 내 걱정이 아니란 증거이다. 즉 자신의 의지로는 해결될 수 있는 일이 아니다.

반대로 기뻐하는 사람 안에는 솟아나는 기쁨이 있다. 이들에게는 앞으로 기뻐하지 말자고 해서 기쁨이 멈추지 않는다. "내게 강 같은 기쁨"과 같은 찬송이 절로 나온다. 세상 사람들도 자신의 힘으로 기뻐할 수 있다. 하지만 솟아나는 기쁨은 불가능하다. 이러한 기쁨은 내 안에 계신 주님께서 솟아내 주시는 것이기 때문이다.

그렇다면 바꾸어 생각해 보자. 근심이 떠나지 않는다면 영적으로 문제가 있다는 증거가 아닐까? 아무리 떨어뜨리려고 해도 붙고 떨어뜨리려고 해도 다시 붙는다면 어찌 개인의 문제라고 하겠는가? 누군가 자꾸만 내 마음에 붙이는 것은 아닐까?

누가복음 13장을 보면 알곡과 가라지의 비유가 나온다. 이때 하나님의 종들은 알곡을 뿌리고 마귀의 종들을 가라지를 뿌린다고 말씀하신다. 마찬가지이다. 하나님의 종들은 말씀을 통하여 우리에게 평안을 뿌리지만 마귀의 종들은 걱정을 뿌린다. 그렇게 내 마음에 가라지가 뿌려질 때 떨어지지 않는 근심이 되는 것이다.

자신의 의지로 조절이 되는 걱정과 근심은 별문제가 아니다. 하지만 의지를 벗어난 것은 이미 내 걱정이 아니기 때문에 쉽게 떨어지지 않는다. 그런 걱정이라면 하나님의 은혜가 임해야만 떨어질 수 있다. 이러한 것을 일컬어 우리들은 '성령 충만'이라고 한다.

중·고등학교를 다닐 때만 하더라도 겨울이 되면 교실 중간에 난로를 놓았다. 이 난로가 발갛게 달구어지면 그 위에 도시락을 올려놓고 데워서 먹기도 하고 커다란 주전자에 물을 담아 올려놓기도 했다. 그리고 물이 끓으면 밥을 말아서 따뜻하게 먹었다.

그런데 난로가 뜨겁게 달구어져 있을 때에는 주전자 밖에 물이 맺혀있더라도 "탁탁" 소리를 내면서 튕겨져 나간다. 하지만 난로가 덜 달구어져 있을 때에는 "착" 하면서 난로에 달라붙지 않는가?

그 원리와 같다. 내가 믿음과 성령으로 충만하면 걱정이 탁탁 떨어진다. 걱정을 하려고 해도 걱정이 되지 않는다. 하지만 믿음이 약하면 오만가지 걱정이 들러붙는다. 심지어 자기와는 아무런 상관도 없는 다른 사람의 걱정까지 붙여서 살아간다. 대한민국 걱정을 혼자 다하면서 살아가는 사람이 있다. 세상 모든 걱정을 나 홀로 지고 살아간다. 반면 걱정할 것들이 있음에도 불구하고 털어내고 사는 사람들도 있다.

그렇다면 털어내며 사는 사람은 무엇이며 걱정도 아닌 것을 붙이고 사는 사람은 무엇인가? 이것도 체질이다. 건강한 사람을 알칼리 체질이라고 하고 병이 잘 걸리는 사람을 산성 체질이라고 하지 않는가? 이처럼 만들어서 걱정하는 사람은 마이너스 체질이라고 하고 있는 걱정도 떨어뜨리면서 사는 사람은 플러스 체질이라고 한다.

질고의 짐

질고의 짐으로 인하여 어렵고 힘든 인생을 살았던 사람으로 히스기야를 꼽을 수 있다. 그는 질고의 고통 가운데 살았던 대표적인 인물이다. 25세 어린 나이에 왕이 되어 39세에 질고의 병을 얻게 된다. 하나님께 간구함으로 15년을 더 연장받아서 54세까지 살게 되지 않는가? 히스기야는 25세에 왕이 되어 29년 왕으로 살다가 54세에 죽는다. 한 시대의 왕으로 살았음에도 불구하고 그의 인생은 질고의 짐으로 인한 고통의 나날들이었음을 알 수 있다.

39세의 젊은 나이에 병들게 된 이유가 무엇일까? 어린 나이에 왕이 되다 보니 그 스트레스가 너무나도 엄청났던 것이다. 결정적으로 산헤립이 이스라엘을 침공해서 둘러섰을 때 히스기야는 사선을 넘나든다. 물론 그때 이사야 선지자와 함께 기도로 승리를 거두기는 하지만 얼마나 과도한 신경을 썼는지 죽을 병에 걸리고 만다.

나는 어머니를 전도하기 위해 5년을 기도했고 결국 하나님을 믿겠노라 고백하셨다. 하지만 아버지는 18년을 기도해도 꿈쩍하지 않으신다.

"아버지 제발 교회에 나가세요. 교회에 나가시는 것이 저를 도와주시는 것입니다. 설교할 때 아버지를 떠올리면 얼마나 마음이 무거운지 몰라요. 다른 사람들에게는 예수님을 믿고 구원 받으라고 전도하는데 정작 아버지가 믿지 않으시니 말도 되지 않는 일 아닙니까? 아버지도 제가 잘 되기를 바라시죠?"

"그럼."

"그렇다면 교회에 나가세요."

"알았어, 끊어."

그리고는 조금도 나갈 생각을 하지 않으신다.

어느 날 전화벨이 울린다. 왠지 느낌이 이상하다. 받아보니 빨리 집으로 내려오라고 한다. 가보니 아버지가 폐암 말기이시다. 아무래도 담배가 원인인 듯하다. 물론 담배 피운다고 해서 모두 폐암에 걸리는 것은 아니다. 사실 암에 걸리는 중요한 요인으로 많은 의사들은 '스트레스'를 꼽는다. 떼어내려고 해도 떨어지지 않는 스트레스라는 짐이 암이라고 하는 엄청난 병까지 만들어낸다는 것이다.

스트레스만 쌓인다고 해서 암이 걸리는 것도 아니다. 스트레스가 쌓인 상태에서 음식을 잘못 먹고 게다가 운동까지 하지 않는 습관이 장기간 계속될 때 암으로 발전하게 된다. 이처럼 암에 걸리려면 좋지 않은 상황들이 연속적으로 계속하여 반복되어야 한다.

아버지는 폐암 말기라 수술하기에도 늦었다고 한다. 차라리 위암은 좀 낫다. 위는 암 덩어리가 있는 부위를 잘라내더라도 아주 조금씩 늘어나기 때문이다. 하지만 폐는 늘어나지 않는다. 때로는 잘라내어 생긴 빈 공간에 물이 차서 아주 힘든 상황에 놓이기도 한다. 그러니 정말 조심해야 할 병이 바로 폐암이다.

군산에 있는 병원에도 가보고 전주에 있는 병원에도 가보고 대전에 있는 병원까지 가보았는데 모두 같은 말만 한다.

"아버지!"
"왜?"
"어렵다고 합니다."

그러자 아버지께서 내 앞에 무릎을 꿇으신다.

"아들, 그럼 어떻게 하면 좋겠어?"
"방법은 하나, 하나님 앞에 매달리는 수밖에 없습니다. 예수 믿으세요, 아버지."
"아들이 하라는 대로 할게."

아버지를 위한 기도를 시작한 지 18년 만에 새벽예배를 나가기 시작하셨다. 나 역시 아버지를 위해 간절하게 기도했다.

"하나님, 우리 아버지 살려주세요. 우리 아버지는..."

그런데 다음에는 할 말이 없다. 살아생전 뭐라도 하신 일이 있어야 히스기야처럼 기도하겠는데 도무지 할 말이 없다.
히스기야는 이렇게 기도했다.

"하나님, 내가 주님 손에 붙잡혀 나라를 정화한 것과 한평생 주님을 위해서 살아온 것을 기억하사 나를 살려주십시오."

어려운 일이 생길 때 기도할 뭔가를 만들기 위해서라도 하나님의 일을 해놓아야 한다.

'기도도 적금이다.'
'감사도 적금이다.'
'충성도 적금이다.'
'봉사도 적금이다.'

하나님 앞에 부지런히 적금을 붓는 인생으로 살기 바란다.
우리 아버지는 하늘에 적금해둔 것이 한 푼도 없다. 주님을 위해서 한 일을 찾아봐도 도무지 없다. 그래서 궁여지책으로 생각해낸 것이 뭔지 아는가?

"하나님, 이제부터는 주를 위해서 살겠사오니…"

이러한 기도를 서원기도라고 한다. 은행으로 치자면 '대출'이라고 할 수 있다.

"하나님, 이제부터 주를 위해서 살겠사오니 살려주시옵소서."

짐 내려놓기

　무거운 짐을 지고 살아가는가? 하나님께 맡기자. 물론 쉬운 일은 아니다. 만일 무거운 짐이 떨어지지 않는다면 뛰어라. 무거운 짐보다 더 힘들게 뛰라는 것이다. 살살 뛰면 오히려 걱정이 걱정을 부를 때도 있다. 그러니 무거운 짐보다 더 세게 뛰자. 이것이 짐을 떼어내는 방법이다.

　걱정하면서 힘들기도 하고 뛰면서 힘들기도 하지만 이 둘 사이에는 엄청난 차이점이 있다. 걱정 때문에 힘든 것은 나를 삭게 만들지만, 뛰면서 힘든 것은 나를 강력하게 만든다. 걱정 때문에 힘든 것은 내 몸을 삭게하지만 뛰면서 힘든 것은 내 몸에 탄력을 붙여주고 체력을 강하게 한다. 그러니까 힘이 넘치게 되고 그 과정 가운데 문제가 해결되는 것이다. 건강도 회복되고 문제까지 회복되니 일석이조 아닌가?

큰 짐이든 작은 짐이든 가장 먼저 해야 할 일은 하나님께 기도함으로 맡기는 것이다. 하지만 이것이 쉽지 않다면 뛰면서 견뎌내자. 걱정보다 더 강하게 뛰는 것이다. 그럴 때 체력이 강해질 것이다.

엄밀히 말하자면 삶 가운데 있는 어려움들은 문제가 되지 않는다. 그 어려움을 받아들이는 능력 부족이 문제인 것이다. 오늘날의 어려움이 엄청난 것 같아 보여도 옛날 조상들이 겪던 어려움에 비하면 별 대수로운 것도 아니다. 문제가 어렵게 하는 것이 아니라 약한 내 모습이 어렵게 하는 것이니 무엇이든 대범하게 생각하자.

사실 대부분의 문제들, 문제의 약 80퍼센트는 돈으로 해결된다. 수천억씩 비리를 저지르고도 하늘 향해 머리 두고 사는 사람들이 얼마나 많은데 왜 몇 푼 가지고 싸우는가? 본인의 그릇이 너무 적기 때문은 아닌가?

신랑이 속 썩이는 것이 문제인가? 그냥 놔두라. 나이 들면 다 돌아오게 되어 있다.

이런 우스갯소리가 있다.

남편이 먼저 죽어서 천국을 갔고 아내는 8년을 더 살다가 천국을 간 부부가 있다. 아내가 천국에 가서 보니까 남자들마다 가슴에 꽃을 달고 있더란다. 어떤 사람은 한 송이, 어떤 사람은 두 송이…. 사람마다 꽃의 개수가 다른 것이 궁금해서 예수님에게 물어보았다.

"예수님, 남자들이 달고 있는 저 꽃이 뭡니까?"

"세상 사는 동안 한 여자와 살았던 사람은 한 송이 두 여자와 살았던 사람은 두 송이 다섯 여자랑 살았던 남자는 다섯 송이를 달고 있는 것이랍니다."

"그래요?"

갑자기 남편의 가슴에 몇 송이의 꽃이 달렸는지 궁금해졌다. 그래서 속히 남편을 찾아달라고 부탁했다. 예수님께서 천사를 시켜서 남편을 찾았는데 남편이 나오지를 않는다. 아내는 살아생전 남편이 입버릇처럼 했던 말들이 생각났다.

"여보, 나는 일편단심 민들레야."

"나는 당신밖에 없어."

당연히 한 송이 꽃을 달고 있으려니 생각하고 문을 여는 순간 얼마나 놀랐는지 모른다. 남편 가슴에는 안개꽃이 달려 있었던 것이다.

남편이 얼마나 바람을 피우는지 하도 속이 상해서 이렇게 기도한 부인이 있다고 한다.

"하나님, 우리 남편 병에라도 걸려서 넘어지게 해주십시오."

자기 아내 한 여자 행복하게 하는 것도 힘이 드는데 두 여자를 행복하게 하자니 얼마나 힘이 들었겠는가? 정말 부인의 기도 내용처럼 쓰러지고 말았다. 보름 동안 남편의 대소변을 받아낸 부인이 뭐라고 말하는지 아는가?

"여보, 바람 펴도 좋으니까 일어나, 바람 펴도 아무 말 하지 않을테니까 제발 건강하게 두 발로 돌아다녀 봐."

하지만 이미 쓰러진 남편이 어떻게 일어나겠는가? 계속 누워서 대소변을 봐야 하는 처지가 되었다. 하도 힘들어서 이번에는 부인이 이렇게 말한다.

"차라리 죽어!"

그런데 정말 죽었다. 부인이 말한 그대로 된 것이다. 그런데 죽은 남편 영정 앞에서 이렇게 울더란다.

"똥 싸도 좋으니까 살아만 있다면..."

지금은 도저히 견딜 수 없고 살 수 없는 일처럼 보일지라도 세월을 넘어서 보면 이것 역시 별것 아닌 일이다. 지금 신랑이 바람 피워서 못 살 것만 같은가? 하지만 70세만 넘으면 내외간에 앉아서 이렇게 농담할 수 있을 것이다.

"여보, 요즘 여자한테 전화가 오지 않네."

바람피우는 것이 잘하는 일이란 말은 아니다. 정말 잘못한 일이다. 마누라 한 사람 행복하게 해주지도 못하면서 바람이 웬 말인가? 내가 하고 싶은 말은 그런 남편 때문에 더 이상 속 썩지 말자는 것이다. 신랑 때문에 속 썩다가 죽는 여자처럼 어리석은 사람이 없다.

내일의 눈으로 오늘의 짐 바라보기

오늘의 눈으로 문제를 바라보지 말자. 오늘로 보면 힘들고 무겁고 어려운 엄청난 짐일지라도 내일의 눈으로 보면 얼마든지 별것 아니기 때문이다.

아브라함은 한때 부인까지 빼앗겼다. 얼마나 큰 짐인가? 온갖 상상에 잠도 오지 않을 일이다. 이러한 짐에 눌려있을 때 아브라함은 기도했다. 물론 그가 기도했다고 구체적으로 기록되지는 않았다. 하지만 성경의 전후 상황을 두루 살피면 아브라함은 분명히 기도했음을 알 수 있다.

예수님께서 겟세마네 동산에서 힘쓰고 애써서 기도할 때 누가 나타나서 돕는가? 천사가 나타난다. 야곱이 얍복 강가에서 힘써서 기도할 때 누가 나타나는가? 천사가 나타나서 돕는다. 이처럼 천사는 힘써서 기도할 때 나타나서 돕는다. 이것이 성경적이다. 그런데 바로의 꿈에 누가 나타났는가? 천사가 나타났다. 그 이야기는 아브라함이 기도했다는 말씀 아닌가?

울고 있는 형제여 왜 기도를 잊었는가
어둠 속의 기도는 기적을 부른다오
바울과 실라가 빌립보 감옥의 문을
기도로 열었다오
고통의 문을 기도로

바로는 놀라며 아브라함에게 아내를 돌려보낸다. 그런데 그냥 보내기 뭐하니까 금은보화까지 잔뜩 붙여서 돌려보낸다. 그로 인하여 아브라함은 금방 부자가 되었다. 만일 그때 아브라함이 기도하지 않고 걱정만 했다면 어떻게 되었을까?

지금 우리가 당하고 있는 어려움이 우리 삶 가운데 문제가 되는 것이 아니라 그 어려움을 어떻게 대처하는가 하는 우리의 태도가 문제가 된다. 염려하지 말고 기도하자. 그리고 평소에 예수님을 잘 믿자. 즉 어려울 때 하나님 앞에 기도할 만한 내용을 만들어 놓자는 것이다.

많은 부부관계들이 깨어지고 붕괴되고 있다. 그렇다면 부부관계에 있어 무조건 남편이 나쁘고 아내는 다 잘했는가? 그렇지 않다. 한국갤럽조사에서 1000명의 여자에게 물었다고 한다. 죽었다 다시 태어난다고 해도 지금의 남편과 결혼하겠습니까? 이 물음에

95퍼센트 이상이 "아니오"라고 대답했다. 심지어 어떤 여자는 정답을 적는 칸 옆에 자신이 직접 괄호를 만들어서 이렇게까지 적었다고 한다.

"미쳤어?"

천 명이 넘게 모이는 교회에서 부흥회를 인도하던 목사님이 이렇게 물었다고 한다.

"믿는 자들이 죽으면 천국에 가니까 세상의 삶은 끝입니다. 그런데 만일 죽었다가 다시 태어난다고 가정했을 때 지금의 남편과 결혼하실 분이 계십니까?"

아무도 손을 들지 않더라고 한다. 그런데 멀리서 할머니 한 분이 손을 든 것이다. 깜짝 놀라서 이렇게 물었다.

"아이고 할머니, 할아버지께서 그렇게 잘해주셨어요? 얼마나 사이가 좋으시면 다시 태어나도 할아버지랑 다시 살고 싶으시겠어요?"
"목사님, 그 놈이 다 그 놈이에요."

미국에서 부흥회를 할 때 이렇게 물어본 적이 있다.

"다시 결혼해도 지금 남편과 결혼하실 분 계세요?"

젊은 여자가 손을 든다.

"정말 지금 남편과 결혼할 겁니까?"
"예."
"그 놈이 그 놈이라서 그런 건가요?"
"아니요."
"그럼 왜 지금 남편하고 결혼한다는 겁니까?"
"지금까지 힘들게 겨우 길들여 놓았는데 다른 사람을 만난다면 또 그렇게 길들여야 하지 않겠습니까?"

유능하든 유능하지 못하든 자기 남편이 최고이고, 잘났든 못났든 자기 아내가 최고이다. 다른 맛을 찾아서 바람을 피우는 사람들도 있지만 몰라서 그런 것이지 지나고 나면 모두 후회할 일이다. 부부가 행복하게 사는 것이 최고의 행복이다.

영적으로도 바람을 피우는 사람들이 있다. 담임목사님과 행복하게 신앙생활하는 것이 최고인 줄 알고 믿음생활을 하는 것이 본인의 신앙에 가장 좋다.

가끔 우리 교회 집사님들에게 이렇게 물을 때가 있다.

"집사님은 세상에서 어느 목사님을 가장 존경합니까?"

그때 혹 다른 목사님의 이름을 대면 그 교회에 가라고 한다. 우리 교회 직원들 면접할 때에도 이렇게 묻는다.

"이 세상에서 가장 존경하는 사람이 누구인가?"

이때 조지 워싱턴, 링컨과 같은 이름을 들먹이는 사람은 가차없이 잘라버린다.

"그렇게 존경할 사람이 없어서 사람도 수입해서 존경합니까? 조지 워싱턴이 당신에게 밥을 먹여주었습니까, 옷을 해주었습니까? 당신을 낳아주시고 길러주신 부모님과 말씀으로 양육해주시는 목사님을 존경하십시오."

존경할 사람까지 수입한다니 참으로 안타깝다. 그런데 왜 그런가 생각해 보니 존경이 뭔지도 모르기 때문이다. 아브라함 링컨이 옷을 사줬는가 밥을 사줬는가? 존경할 사람이 없어서 수입해서 존경한단 말인가? 우리나라에는 그 정도 사람이 없는가? 절대 그렇지 않다. 결코 그들보다 못하지 않는다. 그런데 왜 우리나라 사람들은 존경하지 못하는 것일까?

우리나라는 누군가 잘났으면 선뜻 존경하는 문화가 아니다. 아니 오히려 죽이는 문화이다. 그러니까 결국 그 피해는 본인이 입게 된다.

그렇다면 우리들이 존경하는 외국인들이 존경받을 정도의 인생을 살았는가? 그렇지 않다. 하지만 그들은 많은 사람들로부터 존경을 받는다. 왜 그럴까? 그들은 존경할 줄 아는 문화이기 때문이다.

한 가지 예를 들어보겠다. 로버츠 슐러 목사님께서 그렇게 큰 크리스탈 교회를 지으실 당시 미국의 경제가 참으로 어려웠다. 그때 비난의 소리가 얼마나 들끓었는지 모른다. 이때 목사님께서 이렇게 말씀하셨다.

"이렇게 경제가 어려울수록 공사를 크게 해야 경제가 돌아갑니다."

아무리 생각해봐도 이치에 닿지 않는 괴변이다. 결국 자금이 모자라서 부도가 날 형편까지 놓였다. 도저히 어찌할 방법이 없어 방송에 내보냈다.

"제가 로버트 슐러 목사입니다. 우리 교회는 건축하는 가운데 있는데 재정이 어렵습니다. 이대로 가면 부도나고 말 것입니다. 여러분들의 기도와 관심을 부탁합니다. 도와주십시오."

이때 미국인들의 위대함이 여실히 드러났다. 그들은 이렇게 생각했다.

'저런 위대한 목사님을 잃어서는 안 된다.'

여기저기에서 불일 듯 도움의 손길이 일어나 순식간에 교회 건축을 완성시켰다는 것이다. 이들의 이야기를 들으면서 이런 생각이 들었다.

만일 우리나라였다면 어떻게 되었을까? 아마도 이렇게 국민 정서가 흘렀을 것이다.

"잘 되었다. 큰 교회 짓는다고 잘난 척하더니만."

얼마나 큰 차이인가? 우리나라 사람이 미국사람이나 중국사람, 일본사람보다 절대 못하지 않는다고 확신한다. 다만 우리에게 부족한 점이 있다면 인정하고 존경할 줄을 모른다는 것이다. 마음 깊이 위해주는 가운데 나는 너를 살리고 너는 나를 살리는 문화를 이루어야 한다.

지나가던 개미가 물에 빠져 허우적거릴 때 날아가던 비둘기가 나뭇잎 하나 던져준다. 그까짓 것쯤이야 비둘기에게는 일도 아니다. 개미는 비둘기가 던져준 나뭇잎을 타고 살 수 있게 되었다. 비둘기가 개미에게 뭔가 은혜 갚기를 기대하고 그렇게 했겠는가? 아니다. 그냥 도와주고 있었다.

하루는 나무에 앉아있던 비둘기를 포수가 총으로 겨냥하고 있다. 죽기 1초 전 그것을 발견한 개미가 포수를 깨물어서 살 수 있게 되었다.

이 평범한 이야기가 우리에게 주는 교훈은 무엇일까?

우리나라에 인물이 없다고는 생각하지 않는다. 단지 문제는 인물을 만들지 않는다는 데 있다. 인물을 죽인다는 점이다. 정계나 재계는 물론이고 교계까지 서로 헐뜯고 죽이려고만 한다. 밀어주고 세워주면 좋으련만 왜 서로 죽이려고 하는 것일까? 떠오르기만 하면 곧 죽이기 분위기가 되고 만다.

무거운 짐이 있는가? 짐이 떨어지도록 뛰어보자. 또 떠오르는 인물이 있으면 세워주길 바란다.

나 죽이기

사도 바울은 무거운 짐을 지면서 날마다 자신을 죽여가는 비법을 깨달았다. 나 역시 날마다 죽기를 원한다. 그렇게 죽지 않으면 짐이 너무나 무겁기 때문이다. 나는 죽고 주님이 그 짐을 지도록 하는 것이다. 내가 지고 가기에는 너무 무거우니까, 내 힘으로는 도저히 질 수 없으니까 내 안에 계신 주님이 내 짐을 지시도록 하는 것이다.

내가 지어야 할 무거운 짐을 예수님이 지도록 하고 나는 그 안에서 자유를 누리는 것이 곧 신앙생활 아닌가? 믿음생활 아닌가? 그러니까 그리스도인들은 어떤 일이 있을지라도, 아무리 무거운 짐일지라도 그 짐을 예수님이 져주시기 때문에 능히 감당할 수 있다.

요셉을 생각해 보자. 얼마나 억울한가? 잘못한 것도 없이 엄청난 고통을 당했다. 그가 잘못한 것이 있다면 아버지가 사랑하던 여인에게서 태어난 죄밖에 없다. 그런데 그 엄마가 죽게 된다. 그토록 사랑하던 아내가 죽었으니 야곱은 더더욱 요셉을 사랑하게 되고 특별히 좋은 옷을 입혔다.

아무리 마음은 굴뚝같을지라도 모든 자녀를 똑같이 대하는 것이 부모로서 마땅한 지혜인데 그렇게 하지 못했다는 점에서 야곱이 다소 부족했던 것은 아닌가 하는 생각이 들기도 한다. 그러니 요셉의 형들이 시기와 질투심에 끓어 넘친다. 결국 애굽의 노예로 팔리게 되었으니 요셉 입장에서는 얼마나 억울한 일인가? 그 억울함이 요셉에게는 엄청난 짐이 되었을 것이다. 여느 사람이라면 못 살겠다고 억울함을 호소하고도 남을 일이다.

"남이 그렇게 했다면 이해하겠습니다. 하지만 형제가 이럴 수는 없는 것 아닙니까?"

하지만 요셉은 그것까지도 이해한다. 그리고 주어진 환경 속에서 성실하게 하루하루 살아간다. 그러니까 노예의 신분이었지만 형통하는 인생이 되었던 것이다.

그런데 자꾸만 보디발 장군 아내가 눈을 깜빡거린다. 요셉은 하나님을 잘 섬기는 자이다 보니 아무런 반응도 나타내지 않는다. 도무지 통하지 않는다. 그러니까 보디발의 아내가 옷을 붙잡고는 늘어진다.

이때 요셉이 어떻게 했는가? 옷을 벗어던지고 도망갔다. 얼마나 훌륭한가?

보디발의 아내는 화가 나서 남편에게 거짓으로 이른다. 아내는
옷을 붙잡고 벌벌 떨고 있고 요셉은 옷을 벗은 채 뛰쳐나갔으니
더 이상 변명의 여지가 없다. 보디발 장군이 어떻게 하는가? 감옥
에 집어넣는다.

이 대목을 클로즈업해서 생각해 보자. 만일 요셉이 실제로 그런
엄청난 잘못을 저질렀다면 감옥에 갇히고 그칠 일이 아니다. 사람
으로 취급받지도 않던 노예가 상전의 아내를 겁탈했으니 얼마나
엄청난 일인가? 능지처참해도 시원치 않다. 그런데 왜 보디발은
요셉을 죽이지 않고 감옥에 보냈을까? 하나님의 뜻하신 경륜이 있
었기 때문이다.

보통 사람이 이렇게 억울하게 감옥에 갇힌다면 신세 한탄이나
하면서 날마다 울 것이다. 하지만 요셉은 엄청난 오해의 짐을 지
고도 묵묵히 자기에게 주어진 일을 한다.

바울이 얼마나 믿음이 좋은 사람이었는가? 그렇게 믿음이 좋은
바울 역시 아직까지도 자신을 의지했노라 고백한다.

고후 1:8-9

형제들아 우리가 아시아에서 당한 환난을 너희가 모르기를 원치 아니하노니
힘에 겹도록 심한 고난을 당하여 살 소망까지 끊어지고 우리는 우리 자신이
사형 선고를 받은 줄 알았으니 이는 우리로 자기를 의지하지 말고 오직 죽은
자를 다시 살리시는 하나님만 의지하게 하심이라

축복의 36가지 말씀

자기를 의지하는 어떤 부분이 그나마 온전히 하나님을 의지하는 믿음으로 가려면 살 소망까지 끊어지는 환란 가운데 놓일지라도 하나님만 의지해야 한다고 말씀하신다. 즉 '하나님도'에서 '하나님만'으로 바뀌어야 한다는 것이다.

평안함 가운데 피어나는 신앙도 좋다. 하지만 모진 비바람 속에서 힘들게 피어난 신앙은 얼마나 순수한가? 꽃집에 있는 꽃을 보라. 참으로 아름답다. 장미 하나만 놓고 보더라도 형형색색 예쁘기 그지없다. 하지만 그 꽃들은 향기가 없거나 있더라고 약하다. 대신 아파트 단지에서 모진 비바람을 맞아가면서 피어나는 꽃들은 온 동네를 꽃향기로 진동시키지 않은가?

인생 가운데 만나는 짐이 결코 쉽지는 않을 것이다. 하지만 그런 모진 비바람을 맞을지라도 신앙을 지키고 더욱 굳건할 때 우리들의 믿음은 그리스도의 진한 향기를 발할 수 있게 될 것이다.

5장
~~~~~

주님의
음성

하나님께 필요한 단 한 사람

사도 바울의 신앙인생을 보자. 그는 감옥에도 갇히고, 많이 얻어맞고, 환란을 당했다. 이렇게 인생의 무거운 짐을 짊어지고 가면서도 이 모든 것들을 이겨낼 수 있었던 이유가 무엇일까? 오직 한 가지, 바울은 '주님의 음성'을 들었기 때문이다.

"바울아, 담대하라. 내가 너와 함께 함이라."

하루하루의 삶 가운데에서 생명과 같은 주님의 음성이 들려야 한다.

반면 구약의 사울은 어떠했는가? 그가 겸손했던 젊은 시절, 하나님께서는 그를 이스라엘의 왕으로 세우신 후 그를 통하여 하나님의 뜻이 이루어지기를 원하셨다. 하나님의 역사하심을 보면 하나님께서 친히 행하시는 일이 있는가 하면 반드시 사람이 필요한 일도 있다. 분명 하나님은 전능하신 분이시다. 하지만 그렇다고 해서 당신 마음대로 역사를 이끌어 가시지는 않는다. 하나님의 뜻을 이룰 수 있는 단 한 사람을 반드시 필요로 하신다.

목회자 배구대회는 보통 9인조 경기이다. 그런데 사실 프로 배구선수들이 아니기 때문에 아홉 명 모두 잘하지 않아도 얼마든지 이길 수 있다. 저쪽 편에서 서브가 들어오면 한 사람이 받아 전위가 네트 위에만 올려놓고, 그다음에 툭 하고 때리기만 하면 점수를 낼 수 있다. 그러기 위해서는 적어도 두 사람만 잘하면 승리할 수 있다. 문제는 한 명만 잘할 경우이다. 리시브를 해서 전위 앞에 주면 전위가 네트 위에다 올려놓아야 하는데 이것을 밑에다 놓을 때에는 때릴 수가 없기 때문이다.

마찬가지이다. 하나님 한 분만으로도 충분하다. 하지만 하나님께서 역사를 이루시기 위해서는 단 한 사람이 필요하다. 하나님의 뜻하신 계획을 이루어갈 수 있는 단 한 사람이 반드시 있어야 한다는 말이다.

아담에서 시작된 창조 역사를 보자. 괜찮은 아벨 뒤를 괜찮은 셈이 잇는다. 또 그 뒤의 노아도 괜찮고 이어지는 에녹도 괜찮다. 아브라함이 괜찮고, 이삭이 괜찮고, 야곱이 괜찮고, 모세가 괜찮다. 이처럼 한 사람을 들어 쓰심으로 역사를 이어감을 알 수 있다.

그런데 괜찮은 사람이 단 한 명도 없었을 때가 있었다. 바로 엘리제사장 때이다. 그때에는 하나님의 음성을 들을 수 있는 단 한 사람이 없었다. 그러니까 블레셋에게 지고 결국에는 법궤까지 빼앗기는 일이 생기지 않았는가?

역사를 가볍게 보아 넘기지 말라. 이것은 단순히 이스라엘이 블레셋에 졌다는 정도가 아니다. 중요한 점은 이스라엘의 여호와가 블레셋의 신에게 졌다는 것이다. 도무지 있을 수 없는 일이 일어났다. 왜 그런가? 단 한 사람이 없었기 때문이다.

그러다가 등장한 한 사람이 바로 사무엘이다. 그렇다면 사무엘에게 엄청난 재능이나 힘이 있었는가? 아니다. 단지 그는 기도할 뿐이었고 바로 그때 회개 운동이 일어났다. 이때 하나님은 사무엘을 통하여 우렛소리로 블레셋을 박살 내시는 엄청난 일을 이루신다.

그렇다. 하나님의 역사를 이루기 위해서 엄청나게 많은 사람이 필요한 것은 아니다. 하나님의 뜻을 올바르게 나타낼 단 한 사람만 있어도 하나님의 뜻은 이루어진다.

솔직히 우리들이 국가적인 인물인가? 그렇지 못하다. 가정적인 인물이다. 그러니까 우리들의 역할은 가정을 향한 하나님의 음성을 듣는 것이다. 우리 가정의 바로 그 한 사람이 되기를 기도하자.

"내가 우리 가정에서 하나님의 음성을 듣는 한 사람이 되자!"

그렇다면 하나님의 음성은 언제 어디에서 들을 수 있을까? 해답부터 먼저 말하자면 하나님은 언제 어디서나 말씀하신다. 그러니 우리들 역시 언제 어디서나 그분의 음성을 들을 수 있다. 하나님의 음성을 활자화한 것이 무엇인가? 성경이다. 하나님은 성경 속에서 모든 것을 말씀하셨다. 그러니까 다른 곳에서 들리는 음성은 하나님의 음성이 아니다.

개미 유치원에서 코끼리 견학을 갔다고 한다. 개미 눈에 코끼리가 다 보이는가? 선생님께서 각자 올라가서 알아보라고 했다. 개미들은 코끼리 위를 올라가 살피기 시작한다. 코에 올라가는 개미가 있는가 하면 어느 개미는 다리에 올라간다. 또 다른 개미는 등에 올라가고 또 어떤 개미는 꼬리에 올라간다. 그들은 코끼리를 샅샅이 살핀 후 돌아와서 이야기를 나눈다.

"내가 코끼리를 보니까 마치 기둥이 하늘로 뻗은 것 같더라."

다리를 본 개미의 말이다.

"내가 두 눈으로 똑똑히 봤는데 코끼리는 완전히 지평선이더라."

등을 본 개미의 말이다.

"무슨 소리냐? 기둥이 말렸다가 풀렸다가 그러던데."

코를 본 개미의 말이다. 자기들이 본 것을 가지고 타협해야 하는데 각각의 주장들이 너무 세다 보니 무리를 이루어 나뉘기 시작했다. 코끼리의 다리를 본 개미들끼리 모여서 한 무리를 이루고, 코끼리의 코를 본 개미들끼리 또 다른 무리를 이루고, 코끼리의 등을 본 개미들도 한 무리를 이루었다.

이것이 바로 기독교 교단이 나뉘게 된 모습이다. 보는 것이 한계가 있기 때문에 장로교단, 감리교단, 침례교단, 성결교단 등으로 나뉘게 되었다는 말이다. 인간은 제한된 눈으로 하나님을 전체적으로 볼 수 없으니, 어떤 측면에서 생각해 보면 교단이 나뉘어 있는 것을 나쁘다고만 할 수는 없다. 부분적으로 같은 곳을 바라보는 사람들끼리 모여서 교단을 이루고, 또 이 모두를 통틀어 기독교라고 하는 것이다.

그런데 한 개미가 와서 이렇게 말한다.

"너희들 정말 이상한 말만 한다. 내가 보니까 코끼리는 털이 부숭부숭 났던데."

이것이 바로 이단이다. 알아보니 그 개미는 코끼리를 살펴본 것이 아니라 엉뚱한 곳에 가서 침팬지 보고 온 것이다. 이처럼 다른 소리 하는 것을 이단이라고 말한다.

달라지는 하나님? 동일하신 하나님!

죄를 짓게 되면 하나님이 싫어진다는 사실을 아는가? 경험상 은혜생활을 잘하는 사람들은 예배 마친 후 담임목사가 있는 쪽으로 와서 반갑게 인사를 한다. 그런데 시험에 든 성도들은 피해서 가는 것을 자주 본다. 그러니까 목사의 눈에 띄지 않으면 은혜생활이 시원치 않은 성도이고, 자주 보이면 은혜생활을 잘하고 있다는 증거이기도 하다.

이스라엘 사람도 마찬가지였다. 이스라엘 민족들이 자꾸 죄를 짓다 보니까 하나님이 두려워졌다. 본인이 은혜생활을 잘하면 하나님보다 좋은 분이 없지만, 죄를 지으면 하나님만큼 두려운 분도 없다. 여호와 하나님은 늘 동일한 분이시지만 사람들의 입장에 따라 바뀐다. 이것이 하나님의 독특한 속성 가운데 하나이다.

어느 영화에선가 이런 기도가 나왔다고 한다.

"하나님, 도와달라고는 하지 않겠습니다. 방해만 하지 말아 주십시오."

어떤 사람에게는 도우시는 하나님이지만 어떤 사람에게는 방해하는 하나님, 진노하는 하나님이 되기도 한다. 그렇다면 어떨 때 방해하는 하나님, 진노하는 하나님이 되는가? 자기 마음대로 살지 못할 때, 자기 뜻대로 살지 못할 때 진노의 하나님으로 다가오는 것이다.

탕자에게 있어 아버지는 좋은 분이 아니었다. 그래서 아버지 곁을 떠나려고 했던 것이다. 하지만 엄밀히 보면 이것이 아버지의 문제인가, 탕자 본인의 문제인가? 탕자 자신의 문제이다. 그런데 탕자는 자신을 보지 못하니까 스스로를 문제로 보지 못하고 아버지의 문제라고 보았던 것이다.

원인은 나

이스라엘 사람들이 하나님께 왕을 달라고 구한다. 그래서 초대 왕으로 사울이 추대되었다. 하나님은 사울을 세워놓으시고 하나님의 뜻, 아버지의 뜻을 이루어 가시려고 하였다.

맨 처음 하나님은 사울에게 아말렉과의 전쟁에서 모두 멸하라고 명령하셨다. 하나님께서 이렇게 명령하셨다면 하나님의 명령대로 싹 멸하면 되는 것이다. 아주 간단하다. 하나님의 명령이니까 그대로 순종하고 따르면 되는 것이다.

하나님께서 함께 하심으로 전쟁에서 이겼다. 그런데 하나님의 명령대로 모두 멸하자니 아까운 마음이 든다. 마음 한구석에서 이런 생각이 든다.

'사람이야 모두 멸한다지만 아까운 동물까지 왜 죽이라고 하시는 것일까?'

그래서 좋은 놈들을 골라서 살살 꼬불치기 시작했다.

그렇다면 그렇게 따로 둔 것을 하나님이 모르시는가? 모두 아신다. 그러니까 사무엘을 통하여 말을 듣지 않는 사울에게 물으라고 하신다.

"왕이시여! 왜 하나님의 말씀을 듣지 않는 겁니까?"

"내가 하나님의 말씀을 듣지 않았다고? 난 하나님의 말씀을 다 준행했다."

"그럼 저기 들려오는 짐승 소리는 뭡니까?"

"아하, 저 소리는 제사를 지내기 위해서 있는 것들이다."

여기에서 중요한 한 가지를 깨달을 수 있다. 분명 명분은 제사이지만 그 내면은 사욕이었다는 점이다.

삶 가운데 조심해야 할 것이 있다. 명분은 주를 위한 것이지만 그 내면은 자신을 위한 경우일 때가 많다는 점이다. 이것은 비단 사울만의 문제가 아니라 우리의 문제이기도 하다.

사울 역시 명분은 분명히 주를 위한 것이다. 그는 지금 제사를 지내기 위해서 그렇게 하고 있노라 말하고 있다. 하지만 그의 내면도 그러한가? 말과 달랐다.

이처럼 모든 인간들은 명분과 사욕 이 두 가지를 놓고 수없이 많은 갈등을 느끼면서 살아간다.

그런데 그때 사무엘이 뭐라 말하는가?

"임금님이시여, 하나님께서 하나님의 말씀을 듣는 것보다 제사를 더 기뻐하시겠습니까? 순종이 제사보다 낫고 하나님의 말씀을 청종하는 것이 우양의 기름보다 나은 줄을 모르시나이까?"

그때가 기회였다. 만일 그때 사울 왕이 이렇게 말했다면 얼마나 좋았겠는가?

"그래, 네 말이 맞다. 내가 지금 제사를 명분으로 내세우고 있지만 그 내용은 사욕이었다."

그리고 회개했다면 그의 삶은 참으로 달라졌을 것이다. 이것이 바로 다윗과 사울의 차이점이다. 엄밀히 말하자면 다윗에 비해 사울은 오히려 깨끗하다고 볼 수 있다. 물론 다윗은 훌륭한 믿음의 사람이다. 하지만 그의 인생을 들여다보면 어떤 때에는 엉망으로 살았다. 다윗은 예쁜 여자를 보면 참지 못했다. 어림잡아 계산해 봐도 사울의 딸 미갈, 나발의 아내 아비가일, 우리아의 아내 밧세바를 범하지 않았는가?

그러한 유전적 기질은 솔로몬 대에 내려가서 본격적으로 나타난다. 그러니 이러한 다윗에 비하자면 사울은 그나마 깨끗한 편이다. 특히 여자관계에 있어서만큼은 상당히 깨끗했다.

하지만 결정적으로 사울이 잘못한 것이 있으니 하나님으로 하여금 후회스럽게 만들었다는 것이다. 그러니까 사울 왕이 살살 불순종하는 가운데 살살 하나님의 힘이 떠나간다. 그러다가 블레셋이 쳐들어오게 된다.

인생 가운데 뭔가 일이 벌어지면 그 원인을 항상 나 자신에서 찾아가야 하는데 대부분의 사람들이 그렇지 못한다.

빚을 많이 지고 사는 사람들은 산더미 같이 쌓인 빚이 문제라고 생각한다. 하지만 이 문제를 정확하게 보자면 빚이 많은 것이 문제가 아니라 갚을 능력이 없는 자신이 문제 아닌가? 빚이 많은 것은 그다음 문제이다.

재벌 기업들의 빚이 얼마나 어마어마한지 아는가? 우리나라 재벌기업의 목표가 부채비율을 200% 밑으로 낮추는 것이라고 한다. 다시 말해 자산이 100조면 빚은 200조라는 말이다. 그러니 역설적으로 말하자면 우리들이 가난한 것 역시 빚이 없어서 그런 것은 아닐까? 능력에 따라 돈을 빌릴 수 있으니 아무나 많은 빚을 질 수 있는 것이 아니다.

바다가 넓은 것이 문제가 아니라 수영할 힘이 없는 것이 문제이다. 높은 산이 문제가 아니라 올라갈 힘이 없는 것이 문제이다. 병균이 센 것이 문제가 아니라 그것을 때려잡을 T임파구가 약한 것이 문제이다. 이처럼 항상 원인은 나에게 있다.

생각의 차이

골리앗이 쳐들어왔다. 골리앗의 키가 무려 2미터 90센티미터나 된다고 하니 얼마나 큰가? 골리앗은 블레셋의 싸움을 돋우는 자였다. 싸움을 돋우는 자가 하는 일이 무엇인가? 나라와 나라가 싸울 때 모든 군사가 붙어 싸우는 대신 각 나라의 대표만 싸우도록 해서 대표로 뽑힌 사람들이 바로 싸움을 돋우는 자이다. 싸움 돋우는 자가 이기면 그 나라가 이기는 것으로, 지면 그 나라가 지는 것으로 인정된다.

주먹세계를 봐도 그렇지 않은가? 패싸움할지라도 모두 붙는 것이 아니라 오야지 한 사람씩만 나와서 붙는다. 이런 자들이 바로 싸움 돋우는 자이다. 골리앗이 바로 그런 일을 했던 것이다.

게다가 골리앗의 목소리는 얼마나 큰지 평상시에 하는 말도 마치 마이크를 대고 하는 것만큼이나 크다. 이런 골리앗 앞에서 사울이 발발 떨고 있다.

그렇다면 왜 사울은 발발 떨며 불안해했을까? 본인은 강한 골리앗 때문에 무서워 떠는 것이라고 생각했다. 하지만 정작 문제의 본질이 그 안에 있었음을 깨닫지 못했던 것이다.

그냥 싸움 돋우는 자만 불러내었다면 별문제가 되지 않았을 수도 있다. 그런데 골리앗은 교만해진 나머지 하지 말아야 할 말까지 하고 만 것이다. 죽기로 작정한 사람들을 보면 여호와의 이름을 망령되이 일컬을 때가 종종 있다.

"여호와가 누구냐?"

교만해진 나머지 골리앗은 하나님의 이름까지 망령되이 일컫는다. 그리고 그 장면을 다윗이 보게 된 것이다. 전쟁에 나간 형님들의 안전을 살피기 위해서 와보니 큰 사람이 소리를 지르고 있지 않은가? 가만히 들어보니 여호와의 이름을 망령되이 일컫고 있다. 화가 치밀어 오른다. 다윗으로 하여금 그토록 화가 나도록 하신 것 역시 하나님이 하신 일이다. 참다못한 다윗은 자신이 직접 골리앗을 상대하겠노라 나선다.

사울 왕이 보더라도 게임조차 되지 않는 일이다. 그때 다윗이 뭐라고 말하는가? 자기는 양을 치다가 사자가 나타나면 입을 찢어 양을 보호했으니 이런 일쯤은 얼마든지 자신 있다는 것이다. 미심쩍은 왕이 다시 묻지만 그의 대답은 여전하다.

다윗에게 갑옷을 입힌다. 몇 걸음 걸어보지만 오히려 익숙하지 못한 탓에 방해가 된다. 안 되겠으니 갑옷마저 벗고 나가겠다고 한다. 그런 다윗을 보면서 사울은 걱정이 앞선다. 다시 묻는다.

"그 차림으로 나가서 되겠느냐?"

하지만 다윗의 생각은 달랐다.

'저 놈은 워낙에 커서 아무 곳에나 맞추어도 맞겠다.'

상대방이 너무 커서 이길 수 없다고 생각하는 사람이 있는가 하면, 상대방이 크니까 아무렇게나 대충 던져도 맞힐 수 있다고 생각하는 사람이 있다. 똑같은 현상을 보고 왜 이렇게 다른 생각을 하게 되는 것일까? 이것이 바로 생각의 차이이다. 이처럼 생각의 배후에 하나님의 힘이 공급되면 어떠한 것에도 담대해질 수 있다.

골리앗이 보니 자기 앞에 창도 활도 칼도 없고 투구도 쓰지 않은 전혀 군장을 갖추지 않은 한 꼬마가 있다. 참으로 같잖다. 이것이 바로 교만한 생각이다. 이때 다윗이 던지는 돌멩이 하나가 날아온다.

그런데 놀라운 사실은 이것은 돌이 아니었다는 사실이다. 역사상 작은 돌멩이 하나 맞아서 죽은 사람이 있는가? 없다. 바위에 눌려 죽은 사람은 있을지 몰라도 돌에 맞아 죽은 사람은 없다. 기껏

해야 상처가 나거나 깨지는 정도일 것이다. 게다가 사람의 이마가 얼마나 단단한데 소년이 던진 돌이 와서 박혔다니 상식적으로 가능한 일인가? 하지만 하나님께서 돌이 날아오는 순간 바람을 일으키시어 미사일로 만드셨고 그러기에 이 일이 가능할 수 있었다. 이처럼 우리들의 삶 가운데에서도 하나님의 바람이 임해야 한다.

홍해 바다가 나뉘었던 기적도 모세가 지팡이를 내리치니까 이루어졌다고 생각하는 사람들이 있다. 이 얼마나 무지한 생각인가?

성경에는 언급조차 되어 있지 않은데 마음대로 생각하는 것이다. 물론 홍해 바다에 지팡이를 내민 것은 사실이다. 하지만 중요한 사실은 하나님께서 밤새도록 큰바람을 미리 일으켜 준비시키셨다는 사실이다.

이처럼 하나님은 오늘도 바람을 통하여 역사하신다. 우리들의 사업에도 하나님의 바람이 임해야 한다. 이 나라의 정치에도 하나님의 바람이 임해야 한다. 우리 교회에도 하나님의 바람이 임해야 한다.

나비효과를 아는가? 미국의 기상학자 에드워드 로렌츠(E.Lorentz)가 1961년 기상관측을 하다가 발견해낸 원리로 중국 베이징(北京)에 있는 나비의 날갯짓이 다음 달 미국 뉴욕에서 폭풍을 발생시킬 수도 있다는 과학이론이다. 곧 작은 변화가 결과적으로 엄청난 변화를 초래할 수 있다는 것이다. 북경에서 살살 일어나는 나비의 날갯짓이 나중에 뉴욕에서는 빌딩도 넘어뜨리는 폭풍이 될 수도 있다는 것이다.

그런데 성경을 가만히 보면 하나님께서 행하시는 효과가 바로 이 나비효과이다. 기도하는 것이 별것 아닌 것 같지만 그것이 점점 커지면서 엄청난 역사를 이루더라는 것이다. 민족을 변화시킨다. 때문에 그리스도인들은 항상 나비효과를 이루어내는 기도의 용사들이 되어야 한다.

6장
~~~~~~

은혜의
비결

모르는 것이 은혜

아는 것은 약이다. 그리고 모르는 것은 병이다. 그런데 인생을 이렇게 두 박자로만 해석하게 되면 해답이 나오지 않을 때도 많다. 왜냐하면 아는 것이 병이 될 때도 있고 모르는 것이 약이 될 때도 있기 때문이다. 그래서 세상은 네 박자로 보는 것이 좋다.

신앙생활 역시 아는 것이 약이 될 때도 있지만 차라리 몰랐다면 좋았을 것이라고 여겨지는 일도 굉장히 많다. 어차피 인생을 살면서 다 알 수는 없다. 그러니 필요 없는 것들은 모르고 넘어가도 좋은데 몰라도 되는 것까지 알아내어 고통을 겪는 어리석은 인생들이 얼마나 많은지 모른다.

'술맛'이 그 예가 된다. 술맛은 모르는 것이 좋다. 술맛을 알지만 금주에 성공하여 술을 마시지 않는 사람과 아예 술을 마셔본 적이 없는 사람이 지금 술을 마시지 않고 있다면, 현상은 똑같지만 이 둘은 결코 똑같지 않다.

왜 그런지 아는가? 술맛을 모르는 사람은 누가 술 마시는 것을 보더라도 그냥 그런가 보다 생각하고 만다. 하지만 술맛을 아는 사람은 입맛을 다신다. 담배도 비슷하다. 원래부터 담배를 피우지 않았던 사람은 다른 사람이 담배 피우는 것을 보면 '왜 저렇게 매운 담배를 피워대는 것일까?' 생각한다. 하지만 담배를 피워본 적이 있었던 사람은 다른 사람이 담배 피우는 것을 보면 그 맛을 그리워하게 된다. 그러니 좋지 않은 것은 모르는 것이 약이다.

교회도 마찬가지이다. 좋다고 소문난 교회를 두루 다 섭렵하는 것이 좋을 것 같지만 결과적으로 보면 그렇게 하지 않는 것이 좋다. 여기저기 교회를 옮겨 다니는 사람들 안에는 항상 갈등이 있기 때문에 '교회는 다 이런가 보다.' '목사님은 다 이러신가 보다.' 이렇게 생각하고 한 교회만 다니는 것이 좋다.

"그 교회는 그것이 좋았는데…"
"그 교회는 그 점이 좋았는데…"

이렇게 비교가 되다 보면 어느 교회를 가든지 참아야 하는 일이 생긴다. 하지만 자기 교회만 아는 사람들은 비교 대상이 없다 보니 참을 것도 없이 교회는 다 이런가 보다 생각하고 다닐 수 있다.

이처럼 좋지 않은 것은 아는 것보다 모르는 것이 낫다. 좋지 않은 것이라면 굳이 알려고 애쓰지 말고 오히려 의도적으로 모르고 살기로 작정하자.

성경 가운데 이에 관한 대표적인 인물로 셈과 야벳 그리고 함을 들수 있다. 셈, 야벳, 함은 노아의 아들이다. 그리고 노아는 믿음의 본이 되는 사람이다. 얼마나 믿음이 좋았는지 이 세상이 모두 물로 심판을 받았을 때에도 노아와 그의 가족만은 방주를 짓고 구원을 받지 않았는가? 실로 대단한 사람이다.

구원을 받은 후 노아는 포도 농사를 짓고 수확된 포도를 가지고 포도주를 만들어 마신다. 그리고는 취하여 옷을 모두 벗고 잠이 들고 만다. 이러한 아버지의 모습을 둘째 아들 함이 보게 된 것이다. 사실 그런 모습은 보지 않는 것이 덕이다. 그런데 함은 우연히 실수하시는 아버지의 모습을 보게 되었고 여기저기 소문을 내고 다녔다.

반면, 함의 말을 들은 셈과 야벳은 어떻게 했는가? 의도적으로 보지 않고 뒷걸음질로 들어가서 아버지의 몸을 덮어 가리었다.

술에서 깨어난 후 이 모든 사실을 알게 된 노아가 어떻게 하는가? 함을 저주하고 셈과 야벳은 축복하지 않는가?

이때 놓치지 말아야 할 중요한 점이 있다. 그렇다면 함의 말이 거짓말인가, 사실인가? 사실이다. 거짓말이 아니다. 이처럼 사실대로 말한다고 해서 반드시 복이 되는 것은 아니라는 점이다.

복된 사실일 때 복이 되는 것이지 복이 되지 않는 사실은 차라리 모르는 편이 낫다. 만일 복이 되지 않는 상황을 만나게 되었다면 셈과 야벳처럼 의도적으로 덮어주는 것이 복이 된다. 누구에게나 좋지 않은 것에 대해서는 닫고, 좋은 것에 대해서는 열고 살 수 있는 조절 능력이 있기 때문이다.

셈과 야벳 그리고 함의 행동 이면을 자세하게 살펴보면 커다란 차이점을 발견할 수 있다. 셈과 야벳의 마음속에는 '은혜'가 있었다. 그들에게는 함이 아버지의 허물을 들추어 이야기했을 때 '저래서는 안 된다'는 판단기준이 있었다. 반면, 함은 자신이 어떻게 행동하는 것이 아버지에게 유익인지 생각도 하지 않고 아버지의 흠을 드러내지 않는가?

문제는 함과 같은 성도들이 우리 교회 안에 너무나 많다는 점이다. 무엇보다 먼저 사랑과 은혜가 있어야 하며, 몰라도 되는 것은 더 이상 알고자 하지 않는 마음가짐으로 교회생활을 하는 것이 바람직하다.

말씀에 이끌리어

성경을 한 마디로 정의하라면 "하나님의 말씀"이다. 하지만 또 다른 측면에서 성경은 이렇게 정의되기도 한다.

"성경은 하나님께서 인간을 어떻게 사랑하셨는지, 인간이 하나님을 어떻게 사랑했는지 적어놓은 사랑 이야기."

성경을 읽다 보면 하나님께서 얼마나 우리를 사랑하셨는지를 배울 수 있고 또 우리들이 하나님을 어떻게 사랑해야 하는지도 배울 수 있다. 그 가운데 가장 본이 되는 사람, 아브라함을 함께 나누고자 한다.

아브라함의 아버지인 데라의 직업이 무엇이었는가? 우상을 만들고 섬기는 일이다. 이런 데라의 아들이 믿음의 조상이 되었다. 무엇이 되었든 다 자기 하기 나름이다. 우상을 섬기던 데라의 아들로 태어난 아브라함도 믿음의 조상이 되었으니 뭔가 잘되지 않는다고 조상 탓할 것도 아니다. 그렇다면 아무것도 없는 가정, 아니 우상을 섬기는 가정에서 어떻게 믿음의 조상이 나올 수 있었을까? 이 부분을 주목해서 보면 놀라운 비밀을 발견할 수 있다.

창 12:1

여호와께서 아브람에게 이르시되 너는 너의 고향과 친척과 아버지의 집을 떠나 내가 네게 보여 줄 땅으로 가라

하나님께서 왜 이렇게 말씀하셨을까? 아브람이 조상 대대로 머물던 곳은 우상으로 찌든 곳이었기 때문이다. 그런 곳에 복음이 들어가서 하나님의 역사를 이루어내기란 좀처럼 쉽지 않으니까 문화와 환경을 박차고 나가라고 말씀하신 것이다.

고향에서는 큰 인물이 되기 힘들다. 때문에 대부분 큰 인물들은 고향에서 떠났다. 야곱만 하더라도 아버지의 집에서 무난하게 성장했다면 그의 전공은 팥죽을 쑤는 것이니까 고작해야 단팥죽 대리점 점장 정도로 인생이 끝났을지 모른다. 그러한 야곱이 외삼촌 라반의 집에 가게 되면서 눈빛부터 달라지고, 삶의 태도가 변했으며, 눈코 뜰 겨를 없는 바쁜 나날을 보낸다. 집에 머무를 때에는 불가능했겠지만 외삼촌 라반의 집이다 보니 눈 붙일 겨를 없이 일을 하게 된 것이다. 그렇게 20년 동안 힘들게 일한 결과 거부가 되지 않았는가? 비록 고생은 했지만 보람된 인생을 살았다.

　　　　　　　　　　　　～～～～～～～ 축복의 36가지 말씀

이처럼 야곱을 불러내신 하나님, 아브라함을 불러내신 하나님께서 때로는 우리들도 불러내신다. 예수님을 구주로 영접한 후 좋은 점을 한두 가지로 말할 수는 없지만 그 가운데 하나를 꼽으라면 '하나님의 인도하심'일 것이다. 얼마나 감사한 일인가? 아브라함이 고향을 떠나듯, 야곱이 떠나듯 하나님께서 떠나라고 하시면 우리들도 순종하여 고향을 떠나야 한다.

그렇다면 무조건 떠나야만 좋은 것인가? 그렇지는 않다. 잘못 떠난 자들도 있기 때문이다. 나오미의 가정이 그러했다. 나오미의 가정은 고향을 잘못 떠났다. 아브라함이나 야곱은 떠나서 성공한 사람이고 나오미는 떠나서 실패한 사람이다. 그러니 떠난다고 해서 다 좋은 것은 아니다.

성공한 인생을 살기 원하는가? 간단하다. 하나님께서 떠나라고 하시면 떠나고, 머물라고 하시면 그 자리에서 머무르면 된다. 이 때 아브람에게 배울 점은 그는 말씀을 좇아서 갔다는 것이다.

창 12:4
이에 아브람이 여호와의 말씀을 따라갔고 롯도 그와 함께 갔으며 아브람이 하란을 떠날 때에 칠십오 세였더라

아브라함은 나이 75세에 본토 친척 아비 집을 떠나라는 명령을 듣는다. 그러니 이런 심리적 갈등도 있었으리라 예측된다.

"내가 이제 떠나면 얼마나 살겠는가?"

하지만 아브라함에게 있어서 심리적인 갈등보다 중요한 것은 '말씀'이었다. 아브라함처럼 말씀을 좇아 살아가는 인생이 되자. 인생을 살면서 말씀이 얼마나 기막힌지 새록새록 깨닫게 된다. 더할 것도 없고 덜어낼 것도 없이 딱 말씀대로만 살면 된다. '말씀을 따라 살아가는 삶'이야말로 아브라함에게 배워야 할 첫 번째 삶의 태도이다.

은혜의 비결

두 번째로 아브라함에게 배울 점은 단을 잘 쌓는 삶이다. 이때 '단'은 지금 말로 하자면 '예배'이다. 단을 쌓는 부분에 있어 아브라함은 보통 훌륭한 사람이 아니었다.

창 12:7, 8

여호와께서 아브람에게 나타나 이르시되 내가 이 땅을 네 자손에게 주리라 하신지라 자기에게 나타나신 여호와께 그가 그 곳에 제단을 쌓고 거기서 벧엘 동쪽 산으로 옮겨 장막을 치니 서쪽은 벧엘이요 동쪽은 아이라 그가 그 곳에서 여호와께 제단을 쌓고 여호와의 이름을 부르더니

창 13:18

이에 아브람이 장막을 옮겨 헤브론에 있는 마므레 상수리 수풀에 이르러 거주하며 거기서 여호와를 위하여 제단을 쌓았더라

아브라함은 가는 곳마다 단을 쌓았다. 은혜를 받으면 제일 먼저 살아나는 것이 무엇인가? 예배이다. 반대로 시험에 들게 되면 가장 먼저 죽는 것 또한 예배이다. 흥하는 사람들은 예배부터 흥하고 망하는 사람들은 예배부터 망하는 것을 볼 수 있다.

이 세상을 살아가면서 하나님을 가장 기쁘시게 할 수 있는 일이 무엇일까? 예배이다. 하나님께서 왜 우리를 지으셨는가? 영광 받기 위함이다. 그렇다면 하나님께 영광을 돌릴 수 있는 가장 좋은 방법이 무엇인가? 예배 외에는 다른 길은 없다.

야곱이 뭐 그리 대단하게 훌륭하며, 에서가 뭐 그리 못났는가? 야곱과 에서는 한 아버지 한 어머니에게서 태어난 형제이고 객관적으로 봐서는 별로 큰 차이가 없다. 하지만 야곱은 단을 잘 쌓았다. 이것이 야곱과 에서의 엄청난 차이였다. 얼마나 단을 잘 쌓았으면 4천 년이 지난 지금까지도 이렇게 찬송하겠는가?

야곱이 잠 깨어 일어난 후
돌 단을 쌓은 것 본 받아서

가인과 아벨도 마찬가지이다. 아벨이 아벨 될 수 있었던 것은 아벨이 쌓은 단이 열납 되었기 때문이다. 만일 가인이 쌓은 단도 하나님께서 열납 하셨다면 가인 역시 가인으로 살지 않았을 것이다.

사실 모든 인간은 거기에서 거기이다. 잘났으면 얼마나 잘났을 것이며 못났으면 또 얼마나 못났겠는가? 잘난 사람은 하루에 네

끼 먹고 못난 사람은 하루에 두 끼만 먹는가? 별 차이 없다.

어떤 측면에서 보면 못난 사람이 살아가기는 훨씬 더 편하다. 따로 가꿀 것도 없고 관리할 것도 없으니 편하기로 따지자면 못난 사람이 훨씬 낫다. 못난 사람은 땅바닥에 철퍼덕 앉는다. 하지만 잘난 사람은 아무리 다리가 아파도 서 있다.

그러니 잘난 것이 남 보기에는 좋을지 몰라도 정작 본인은 정말 힘든 일이다. 잘난 사람들의 고충을 아는가? 멋을 낸다는 것이 얼마나 힘든 일인지 모른다. 양복 하나만 놓고 보더라도 한 벌만 있으면 오히려 편하다. 따로 신경을 쓸 것도 없고 고를 것도 없고 맞추어서 입을 필요도 없기 때문이다. 그냥 그 옷만 입고 나서면 된다. 그런데 옷이 많으면 그것부터 스트레스가 된다.

"오늘은 뭘 입고 나가지?"

공산국가에서 살던 사람이 민주주의 국가로 오면 모든 것이 좋기만 할 것 같지만 사실은 힘들다고 한다. 왜 그럴까? 북에서는 단순하게 살면 되었는데 남에서는 복잡하게 살아야 하기 때문이다. 그러니까 어쩌면 진정한 행복은 여러 벌 속에 있는 것이 아니라 한 벌 속에 있을지도 모른다.

그 대표적인 분이 바로 우리 예수님이시다.

요 14:1, 2

너희는 마음에 근심하지 말라 하나님을 믿으니 또 나를 믿으라 내 아버지 집에 거할 곳이 많도다

어려움 가운데에 거하면서 여유 있는 자가 있는가 하면 여유 가운데 거하면서도 항상 어려운 사람들이 있다. 장롱을 뒤져보라. 일 년이 지나도록 한 번도 입지 않고 지나가는 옷이 있지 않은가? 그런데 도대체 뭐가 불만인가? 왜 불만이 마음속에 자리 잡고 있는지 아는가? 예수님의 정신이 없기 때문이다. 예수님의 정신을 살리기 원하는가? 다른 방법이 없다. 예배부터 살려야 한다.

객관적으로 다윗이 훌륭한 인생만 살았는가? 그렇지 않다. 냉철하게 비판하자고 들면 강간, 살인, 시체 유기까지 한 죄인 가운데 죄인이다. 나같이 법을 잘 모르는 사람이 보더라도 중죄인이다. 반면 사울은 딱히 잘못한 것이 없다. 그런데 왜 하나님은 사울은 폐하시고 다윗은 세워주셨을까?

믿음으로 승리하는 사람들을 보면 한 사람도 예외 없이 단이 살아있다. 즉, 각 개인의 능력 차이가 아니라 주님이 주신 은혜의 차이로 승리의 삶을 살기도 하고 패배의 삶을 살기도 하더라는 것이다.

하나님 앞에 단을 쌓을 때 우리가 받는 것이 무엇인가? '은혜'이다. 은혜받는 자가 되려면 언제 어디서든지 단부터 살려야 한다.

예배의 요소

'단' 즉, '예배' 속에는 크게 다섯 가지 요소가 있다.

첫 번째가 기도이다. 요즘 들어 기도가 약해진 교회가 많다. 하나님은 기도는 곧 호흡이요 대화라고 말씀하시는데 아직까지도 "저는 기도를 잘못합니다." 이렇게 말하는 성도들이 있다.

기도를 못한다는 말은 숨을 쉬지 못한다는 말인데 그럼 죽은 사람이라는 말인가? 숨을 쉬기 위하여 대단한 노력이 필요한가? 그렇지 않다. 그냥 자연스럽게 쉬면 된다. 이처럼 시시때때로 하나님께 감사하고 할렐루야로 영광 돌리는 것이 곧 기도이다.

그런데 왜 많은 사람들이 '나는 기도 못 해' 이렇게 생각하는 것일까? 기도에 대한 오해 때문이다. 그렇다면 그렇게 오해하도록 만든 사람들은 누구인지 아는가? 장로님들이다.

장로님들의 기도를 듣고 있으면 얼마나 잘하는지 '나는 도저히 저렇게 기도할 수 없을 것 같다.' 하는 생각까지 든다.

참으로 멋진 기도를 한다. 기도에 관한 책을 모조리 섭렵하여 읽기 때문인지, 좋은 말이라 여겨지면 여기저기서 전부 인용하기 때문인지 알 수 없으나 목사인 나도 도무지 따라할 수 없는 기도를 한다.

멋진 기도를 드리는 장로님들이 반드시 쓰는 용어가 있다. 억조창생, 생사화복, 도성인신…. 그렇게 드리는 기도를 듣고 있으면 그것이 기도인지 성시낭독인지 가끔 헷갈린다.

뭔가 필요한 것이 있어 아버지에게 달라고 하는 아들을 한번 생각해 보자.

"아버지, 돈이 필요하니 돈 좀 주십시오."
"뭐 하려고 그러니?"
"학용품을 사야 합니다."

이러면 충분하다. 그런데 우리가 드리고 있는 기도는 아들이 아버지에게 마치 이렇게 용돈을 타는 것과 같은 모습이다.

"한 여인을 꼬이기 위하여 그토록 애를 쓰시고, 말로 형언할 수 없는 입덧의 고통을 지나신 후 생사의 갈림길에 선 산고의 어려움을 겪으시고 오늘도 그 아들이 잘되기만을 위하여 불철주야 애를 쓰시는 우리 아버지, 만 원만 주시옵소서."

이때 아버지께서 아들에게 뭐라고 하시겠는가?

"넌 무슨 아이가 이렇게 유식하게 말을 잘하냐?"

이러시겠는가? 아니다.

"너 지금 뭐 잘못 먹었냐?"

그렇다면 하나님 앞에 드리고 있는 기도가 이런 모습은 아닌
가?

그나마 요즘은 기도문을 작성해서 대표기도를 한다. 미리 준비
하고 적어 와서 드리는 기도가 모두 나쁘다는 말은 아니다. 하지
만 적어도 우리 세대들이 은혜받던 1970년대만 하더라도 거의 모
든 장로님들은 성령님의 감동하심에 이끌리어 기도했다. 더러 적
어 나오시는 분들도 있었지만 그런 분들은 돈은 많고 신앙생활
은 제대로 하지 못하시는 분들, 평소에 기도생활을 하지 않다 보
니 대표기도가 부담이 되어 기도문을 적어서 기도하는 경우였지
그런 일이 아니고는 거의 없었다. 그런데 요즘은 대부분의 장로님
들이 적어놓은 기도문을 가지고 기도한다. 이런 것이 꼭 나쁘다는
말은 아니다. 하지만 아버지와 대화할 때 적어서 이야기하는 아들
이 있는가?

"아버지에게 드릴 말이 있어서 몇 가지로 요약을 해서 왔습니다."

준비한 대로 기도가 나오지 않으면 어떻게 하나 걱정이 된다면 기도의 내용을 적어서 일주일 내내 새벽마다 반복하여 기도하라. 그러면 주일에는 기도문을 적어 강단에 서지 않아도 저절로 기도가 나올 것이다.

기도에 대하여 오해가 쌓인 두 번째 이유는 사람들을 향한 기도를 드리기 때문이다. 사람을 향해 기도하는가 하나님을 향해 기도하는가? 하나님께서 사람의 언변에 감동을 받으시는 분인가? 그렇지 않다. 하나님은 그 사람의 중심을 보시고 감동하신다. 때문에 우리는 중심의 기도를 드려야 한다. 매끄러운 기도인지, 거친 기도인지 그것은 다음 문제이고 무엇보다 먼저 마음 중심을 담은 기도를 해야 한다는 것이다. 우리나라 교회의 강단에 통곡하며 이렇게 기도하는 장로님이 나오기를 기대한다.

"하나님 용서해 주십시오. 예수님의 이름으로 기도합니다. 아멘"

왜 대표기도에는 눈물이 없는가? 일주일 내내 떳떳하게 살아왔으니 회개할 것도 없는 것인가? 하나님이 보시기에 그렇게 떳떳한 일주일을 살아서 회개할 것이 하나도 없는가?

"거룩하신 아버지시여, 지난 이레 동안도 지켜주셔서 감사합니다."

이렇게 거만하게 드리는 기도를 어찌 중심의 기도라고 할 수 있겠는가? 물론 예외도 있을 것이고 반드시 이런 생각이 옳은 것은 아닐 수도 있다. 또 기도문을 작성하여 드리는 기도가 모두 나쁜 것은 아니다. 단지 내가 묻고 싶은 것은 적어서 기도하는 자세 가운데 중심의 기도를 드리는가 하는 점이다.

기도하다가 실수할까 봐 걱정하는 사람들이 있다. 어떤 사람은 강단에 서기만 하면 눈앞이 캄캄해지면서 아무것도 생각나지 않는다고 한다. 물론 이런 것도 충분히 이해가 된다. 하지만 다소 실수를 한다고 한들 무슨 문제가 되겠는가? 성령 충만한 기도라면 다소 거칠고 매끄럽지 못하더라도, 때로는 더듬거리더라도 그 속에서 솟아나는 뭔가가 있다는 것이다. 그런데 기도문을 적어서 드리는 기도는 아무래도 성령 충만하기 힘들다는 것이다.

두 번째로 예배에서 살아야 할 것은 찬양이다. 요즘 찬양을 듣다 보면 참으로 안타깝다. 지금 드려지는 찬양이 하나님을 향한 찬양인지 사람들을 격려하기 위한 노래인지 구분이 되지 않기 때문이다. 적어도 내가 신학교를 다닐 때만 하더라도 이렇지는 않았다. 물론 어른들이 볼 때에는 많이 부족하고 형편없었을지 모르지만 그때만 하더라도 이렇게 찬송했다.

아골 골짝 빈들에도
복음 들고 가오리다

그런데 요즘은 그런 찬송을 부르는 사람들이 거의 없다.

1970년대만 하더라도 철야 때마다 불리던 찬송이 있다.

낮에나 밤에나 눈물 머금고
내 주님 오시기만 고대합니다
가실 때 다시 오마 하신 예수님
오 주여 언제나 오시렵니까

그런데 요즘은 이런 찬송을 찾아볼 수 없다. 왜 그런가? 주님 오시면 큰일이기 때문이다.

'이제야 아파트 분양받았는데 주님 오시면 어떻게 한다냐?' '지금까지 십일조도 제대로 하지 못하고, 감사헌금도 하지 못하고, 교회 건축할 때에도 모른 척하면서 겨우 장만한 집을 조금만 있으면 입주하는데 지금 주님이 오시면 큰일이지.' 하는 믿음으로 어찌 천국을 갈 것인지 심히 걱정된다.
값싼 복음을 들은 사람들이 너무나 많아서 본인은 천국 갈 수 있다고 착각하며 사는 사람들도 있다. 하지만 이 말씀은 어떻게 생각하는가?

약 2:17
이와 같이 행함이 없는 믿음은 그 자체가 죽은 것이라

삶이 믿음과 일치될 때 비로소 그 믿음은 살아있는 믿음이 된다. 그런데 왜 복음을 값싼 덤핑 물건 넘기듯 그렇게 넘기는지 안타깝기 그지없다. 세상에서 덤핑이 유행하니까 복음까지 덤핑으로 넘기려고 하는가?

어떤 분은 이렇게 한다.

"아저씨 한 번 따라서 해보세요. 예수 내 구주."
"예수 내 구주."
"아저씨는 이제 구원받았네요."

그렇게 해서 구원을 받을 수 있단 말인가? 구원받은 자라면 구원받은 자의 삶의 태도가 있어야 하는데, 그들에게 구원받은 자의 삶에 대해서는 뭐라 말할 것인가?

세 번째로 예배에는 말씀이 살아있어야 한다.

네 번째로 감사가 살아있어야 한다.
최선의 감사를 드리고 있는가? 생활 자체가 감사의 삶이 되는 축복을 누리면서 살고 있는가?

아브라함의 인생 가운데 짚고 넘어갈 부분이 있다. 아브라함 역시 기근을 만난 적이 있다는 사실이다.

창 12:10

그 땅에 기근이 들었으므로 아브람이 애굽에 거류하려고 그리로 내려갔으니
이는 그 땅에 기근이 심하였음이라

지금 말로 하자면 IMF 위기에 처한 것이다. 우리들은 뭔가 잘
되면 축복이고 잘되지 않으면 저주라고 생각한다. 물론 그렇게 생
각할 수도 있다. 하지만 반드시 그런 것은 아니다. 아브라함처럼
믿음의 조상에게도 얼마든지 기근이 임하지 않았는가? 아무리 믿
음의 사람일지라도 살다 보면 아플 수도 있고 어려울 수도 있다.
아브라함에게 믿음이 부족해서 기근이 왔는가? 세상을 살다 보면
누구나 기근을 만나게 된다. 그러니 너무 속상해하지 말자. 믿음
은 기근을 막아내기도 하지만 때로는 기근을 이겨내는 힘이 되기
도 한다는 사실을 잊지 말자.

살다가 어려움을 당하면 '혹시 내가 주님 뜻대로 살지 못한 것
이 있는 것은 아닐까?' 생각하는 성도들이 많다. 물론 그럴 수도
있다. 하지만 아닐 수도 있다. 그러니 잘못되었다고 해서 기죽지
말고 당당하게 살자.

아무리 노란 꽃이 예쁘다고 한들 세상의 꽃이 모두 노란색이라
면 뭐가 그리 예쁘겠는가? 노란 꽃도 있고 빨간 꽃도 있고 하얀 꽃
도 있고 때로는 보라색 꽃도 있을 때 노란 꽃이 더욱 아름답게 보
이는 것이 아닌가?

우리의 인생도 마찬가지이다. 살다 보면 얼마든지 기근도 만날 수 있고 아플 수도 있다. 그러니까 뭐 하나 잘못되었다고 해서 너무 기죽지 말고 인생을 아름답게 하는 과정이려니 생각하며 믿음으로 기근을 이겨내는 그리스도인이 되어야 한다.

진리 안에 있는 자유

우리는 하나님의 뜻 안에서 살고 있다. 그것은 하나님의 섭리라고 한다. 그렇지만 하나님이 기뻐하시는 뜻이 있고 하나님이 기뻐하시지 않는 뜻이 있다. 아버지가 탕자에게 재산을 주었지만 기쁨으로 준 것이 아닌 것 같은 경우를 말한다. 진리 안에 있는 자는 두고 보기에도 아까운 사람이지만 진리 밖에 있는 자는 두고 보기에도 안타까운 사람이다.

우리는 아까운 사람인가 안타까운 사람인가?

요 8:31-32

그러므로 예수께서 자기를 믿은 유대인들에게 이르시되 너희가 내 말에 거하면 참으로 내 제자가 되고 진리를 알지니 진리가 너희를 자유롭게 하리라

이 말씀을 다시 쉽게 풀어서 말한다면, 우리가 하나님의 말씀에

거하지 않으면 하나님의 참 제자가 될 수도 없고, 진리를 알 수도 없고, 우리를 자유케 하지 못한다는 것이다. 도대체 진리가 무엇인가? 우리를 자유케 하는 진리는 무엇인가? 진리에 대한 사전적인 의미를 살펴보면 참된 도리, 참된 이치를 말한다. 여기에서 우리가 꼭 알아야 하는 진리는 바로 주님이 이 진리라는 것이다.

요 14:6
예수께서 이르시되 내가 곧 길이요 진리요 생명이니 나로 말미암지 않고는 아버지께로 올 자가 없느니라

그리고 예수 그리스도가 진리이다. 우리를 하나님께로 인도하는 진리, 우리와 하나님을 만나게 하는 다리의 역할을 하시는 진리라는 것이다.

요일 5:6
증언하는 이는 성령이시니 성령은 진리니라

성령이 진리이다.

요 17:17
그들을 진리로 거룩하게 하옵소서 아버지의 말씀은 진리니이다

하나님의 말씀이 진리이다.

이렇게 우리는 그 진리 안에 거할 때에 자유하게 된다.

그렇다면 진리가 하는 일은 무엇인가? 먼저 우리를 거룩하게 하며, 참된 제자가 되게 하며, 우리를 자유케 하신다는 것이다. 진리가 죄로부터, 마귀로부터, 질병으로부터, 스트레스로부터, 속박으로부터 자유케 한다는 것이다.

도대체 벗어날 구멍이 없을 것 같은 문제로 인해 하나님을 원망하고 싶을 때가 있을 것이다. 또한 뜻하지 않은 죄책감으로부터 우리 자신에게 벌을 줄 때가 있을 것이다. 그것은 우리의 무지에서 생기는 오해이다. 하나님이 우리에게 은혜로 주시는 자유함이 있는데 왜 그 문제를 끌어안고 있는가? 우리는 진리 안에서 자유로워질 특권이 있다.

어느 교회에서 이러한 내용의 설교를 마치고 내려오는 데 이렇게 물어오는 집사님이 계셨다.

"목사님, 지금 제가 사는 게 진리 안에 사는 삶인지 어떻게 알 수 있을까요?"

그렇다. 진리 안에 살아보라고만 설교를 했지 어떻게 확신할 수 있는지를 말해주지 못한 것에 잠시 후회를 했던 생각이 난다.

진리가 무엇인지 알았다면 이제는 확신이 필요한 것이다. 그것은 하나님의 말씀을 보고 순종하는 것이 진리 안에 사는 삶이다. 그렇게 하루하루를 살다 보면 우리를 억압하는 미혹의 영으로부터 구속당하지 않고 하나님의 말씀으로 분별하려는 지혜가 생기는 것이다. 혼자 똑똑해서 잘할 수 있다고 자만하지 말아야 한다. 가랑비에 어느새 옷이 젖었듯이 우리는 말씀 안에 사는 습관을 만들어야 한다. 그것을 진리 안에 사는 삶이라 어렵게 표현한 것이다.

아무것도 모르겠는가?

제대로 알고 제대로 살고 싶은가?

주님의 말씀 안에 거하면 주님의 참 제자가 되고 주님의 참제자는 진리를 알게 되고 그 진리는 우리의 삶에 자유함을 주실 것이다.

감사의 비밀

우리도 하나님 앞에 이와 같이 인정받는 말씀을 듣는다면 얼마
나 기쁘겠는가?

행 13:22

폐하시고 다윗을 왕으로 세우시고 증언하여 이르시되 내가 이새의 아들 다윗
을 만나니 내 마음에 맞는 사람이라 내 뜻을 다 이루게 하리라 하시더니

성경의 인물들이 대략 3만여 명이 등장한다고 한다. 그중에 누
구도 이렇게 "합한 사람"이라고 칭한 사람은 다윗 왕 외에는 없다.
우리는 다윗의 인생을 너무도 잘 알고 있다. 결코 쉽게 산 인생이
아니었기에 그러한 하나님의 인정하심이 당연하게도 느껴진다.

우리가 텔레비전을 보면 여러 모양의 삶을 사는 사람들이 소개

된다. 남들과는 다른 독특한 삶을 사는 사람들도 있고, 몹쓸 범죄로 다른 사람을 헤치는 사람들도 있고, 많은 사람들에게 인정받고 존경을 받는 사람도 볼 수 있을 것이다. 그렇다면 이런 여러 사람과 비교해서 과연 나는 어떤 사람인가? 웃음을 주는 목사로 많이들 불러주시는데 그렇다면 어떤 웃음을 주었는지 고민해 보기도 한다.

다시 다윗을 생각해 보기로 하자. 그 사람은 하나님이 쓰시는 사람이었다. 하나님이 세워주셔서 쓰임 받은 사람이다. 그렇다고 부러워할 만한가? 위협, 쫓김, 두려움의 연속으로 그의 목숨을 노리는 자가 어디에 숨어있는지도 모르는 보장받지 못한 안전함이었다.

다윗은 이렇게 말한다.

"내 원수가 어찌 그리 많은지요."

그러나 위험들 속에서도 하나님께서는 그를 지켜주시고 보호해 주셨다.

다윗 인생의 마지막을 기억해보라. 다윗 인생의 끝을 역대상에 보면 자세히 기록되었는데, 역대상의 저자는 "저가 나이 많아 늙도록 부하고 존귀하다가 죽으매 그 아들 솔로몬이 대신하여 왕이 되니라"고 말씀하고 있다(대상 29:28). 그의 시작도 멋이 있었고 그의 끝도 멋있는 인생 아닌가! 그게 다윗이다.

우리가 죽이고 싶은 원수들 앞에서, 도저히 빠져나올 수 없는 위험한 순간에서, "하나님 감사합니다"라고 말할 수 있겠는가? 대답은 "아니요"일 것이다. 강심장이 아니고서는 어떻게 그렇게 감사를 할 수 있겠는가. 그런데 우리는 "YES"라고 말할 수 있어야 한다. 그것도 즐겁고 행복한 마음으로 "YES"라고 말해야 한다. 어디서 많이 들어본 광고 문구 같기도 하다.

다윗은 온몸으로 즐거운 감사를 하였다.

대상 29:14

나와 내 백성이 무엇이기에 이처럼 즐거운 마음으로 드릴 힘이 있었나이까 모든 것이 주께로 말미암았사오니 우리가 주의 손에서 받은 것으로 주께 드렸을 뿐이니이다

다윗의 감사는 현상뿐 아니라 감사의 본질이 결합된 감사이다. 그의 감사는 즐거운 감사였고 기쁨이 넘치는 감사였다. 다윗의 감사는 주님 것으로 주님께 드리는 감사였다.

대상 29:14

… 주의 손에서 받은 것으로 주께 드렸을 뿐이니이다

주님께 대한 로드쉽(주인 되심)을 인정하는 것이다. 그의 감사는 모든 것에서 '주여'의 신앙이다. "주님이 주인 되시고 나는 종입니

다"라는 고백이다. 이것은 단순한 축복의 차이가 아니라 구원의 차이를 보여주는 것이다. 구원받은 사람의 자세이다.

다윗의 감사는 정직한 감사였다.

대상 29:17

나의 하나님이여 주께서 마음을 감찰하시고 정직을 기뻐하시는 줄 내가 아나이다 내가 정직한 마음으로 이 모든 것을 즐거이 드렸사오니 이제 내가 또 여기 있는 주의 백성이 주께 자원하여 드리는 것을 보오니 심히 기쁘도소이다

창세기 4장에 나오는 가인과 아벨의 예물에서 아벨의 예물은 정직한 기쁨의 감사였다. 그러나 가인의 예물은 그렇지 못했다. 하나님은 우리의 형편과 처지를 잘 아신다. 우리에게 맞는 기쁨과 감동으로 감사를 드려야 한다. 감동의 차이가 믿음의 차이다. 믿음의 차이에서 바로 감사의 비밀을 경험할 수 있다.

매일 아침 "주님, 감사합니다"라며 여러 번 외치며 시작해 보라. 기적을 알고 싶은가? 그렇다면 감사 또 감사해 보라.

기본으로 돌아가라!

7장

기본으로
돌아가라

기본으로 돌아가라

제대로 일이 되지 않을 때 흔히 이렇게 말한다.

"기본으로 돌아가라."

해외에서 이름을 떨치던 우리나라 운동선수들 가운데 요즘 들어 다소 경기 실적이 주춤한 선수들이 있다. 왜 그런가? 운동에 집중하지 않고 허튼짓을 하기 때문이다.

국내에서는 물론이고 국제적인 선수가 되려면 인기가 있든, 인기가 없든 오직 운동만 생각해야 한다. 유명세를 탄다고 해서 다른 생각을 해서는 안 된다는 것이다. 그렇게 외도할 때 운동감각을 잃어버리기 때문이다. 우리나라 운동선수들의 수명이 대체로 짧은 이유도 조금만 유명해지면 다른 짓을 하기 때문이라고 진단하는 사람들이 많다. 정말 롱런하는 선수들을 보면 아무리 유명해

져도 오직 운동에만 집중한다.

한국 교회도 마찬가지이다. 세계의 이목을 집중시킬 만큼 한국 교회가 부흥된 것은 사실이다. 문제는 급성장할 때 다른 짓을 했다는 점이다. 그러다가 교회의 기본, 성도의 기본을 잃고 말았다.

축복의 선물 32

오직 기도 오직 말씀

그렇다면 성도의 기본은 무엇인가? '기도'와 '말씀'이다.

막 11:17

이에 가르쳐 이르시되 기록된바 내 집은 만민의 기도하는 집이라 칭함을 받으리라고 하지 아니하였느냐 너희는 강도의 소굴을 만들었도다 하시매

교회는 기도하는 집이다. 그런데 한국 교회의 성도들을 보고 있으면 도무지 기도하지 않는다. 심지어 부흥집회 때에도 기도가 없다.

보통 집회가 7시 30분에 시작되는데, 그때부터 준비 찬송을 부른다. 그렇게 30분 정도 준비 찬송을 부른 후에 인도자가 나와서 순서에 따라 예배를 드린다. 그렇게 30분이 흐른다. 그리고 2시간

정도 설교를 한다. 그러면 집회 시간은 모두 3시간가량 되지만 그 안에 기도 시간은 대표기도 3분이 전부이다.

새벽예배도 예외는 아니다. 묵도로 시작하여 찬송하고 말씀 봉독하지만 그 안에 기도 시간은 거의 없다. 언제부터인지는 알 수 없지만 우리의 예배 가운데 기도의 시간이 현격하게 줄어들었다.

그런데 더욱 놀라운 사실은 그 사실조차 모르고 신앙생활을 한다는 점이다. 그렇다. 지금 한국 교회는 기본을 잃고 말았다.

야구선수에게 계속 살아있어야 하는 것은 배팅감각이다. 이것을 잃지 않으려면 다른 짓을 하면 안 된다. 축구선수라면 볼 감각을 잃지 않기 위해 다른 짓을 하면 안 된다. 농구선수라면 드리블 감각을 잃지 않기 위해 다른 짓을 하면 안 된다.

그렇다면 성도들이 잃지 말아야 할 것은 무엇인가? '말씀'과 '기도'이다. 이것을 잃지 않으려면 다른 짓을 해서는 안 된다. 그런데 한국의 성도들이 언제부터인가 다른 짓을 하더니 이 본질을 잃고 말았다.

～～～～～～ 축복의 36가지 말씀

기도의 사람들

구약 성경에 나오는 믿음의 사람들은 한 사람도 예외 없이 기도하는 사람들이었다. 그 가운데 대표적인 사람을 꼽자면 사무엘을 들 수 있다. 사무엘이야말로 본이 되는 기도의 사람이었고 기도가 뭔지 아는 기도의 대가였다.

삼상 12:23

나는 너희를 위하여 기도하기를 쉬는 죄를 여호와 앞에 결단코 범하지 아니하고 선하고 의로운 길을 너희에게 가르칠 것인즉

사무엘에게 있어 기도하다가 쉬는 것은 죄였다. 이 관점에서 본다면 우리들은 날마다 죄로 살아가는 인생이 아닌가? 그런데 기도하지 않는다고 하는 같은 현상을 놓고서 어떤 사람은 죄라고 생각하고 또 다른 사람은 당연하다고 생각한다.

말씀에 비추어 보아도 사무엘의 고백이 옳다. 기도는 영적인 호흡이다. 그렇다면 호흡을 쉬면 어떻게 되는가? 죽는다. 그러니까 기도하다가 쉬는 것은 곧 죽음을 뜻한다. 이처럼 사무엘의 고백이 지당한데 오늘날 성도들에게 있어 기도는 어떤 의미로 퇴색되었는가? 마치 간식처럼 드문드문 하는 것으로 전락하고 말았다.

우리 몸은 약 60조의 세포로 구성되어 있다. 그런데 이 세포들의 움직임을 보면 얼마나 놀랍고 경이로운지 모른다. 입을 통하여 몸 안으로 들어온 영양분은 60조나 되는 세포에 똑같이 나누어진다. 그러니까 살이 찌면 온몸이 뚱뚱해지고 살이 빠지면 온몸이 홀쭉해지는 것이다. 한쪽 볼만 살찌는 사람을 보았는가? 온몸이 균형 있게 살찐다는 것은 영양분이 골고루 돌아가고 있다는 증거이다. 이처럼 60조의 세포들은 완전한 사랑의 유기적 관계를 유지한다.

우리는 가진 것을 가지고 공평하게 배급을 준다 할지라도 더 가는 곳이 있고 덜 가는 곳이 있기 마련인데 우리 몸은 그렇지 않다는 것이다. 만일 영양 공급에서 빠진 세포가 있다면 그 세포는 곧 죽고 말 것인데 다행히도 우리 몸은 완벽한 분배로 똑같이 영양분을 나눈다.

이렇게 똑같이 나누어서 먹어야 하는데 저만 독식하는 놈이 문제이다. 우리는 이런 놈을 일컬어 "암세포"라고 부른다. 암세포가 위에 있으면 위만 커지게 된다. 그래서 자기만 아는 사람들을 보고 "암적존재"라고 하지 않는가?

우리 몸이 신비하고 과학적이라고 한다지만 참으로 궁금한 부분이 있다. 음식물도 목으로 들어가고 공기도 목으로 들어가는데 이 둘이 어떻게 제 갈 길을 찾아가는가 하는 점이다. 음식이 허파로 들어갔다면 어떻게 되겠는가? 큰일이다. 공기는 허파로, 음식은 위로 들어가야 한다. 그렇다면 같은 목으로 들어가는 것들이 어떻게 음식은 위장으로 가고 공기는 허파로 가게 되는 것일까? 목 안에 있는 막이 알아서 조절해주기 때문이다. 간혹 음식이 기도로 잘못 들어가면 재채기를 해서라도 밖으로 다시 튀어나오게 한다.

기도는 호흡이다. 그러니까 허파로 숨을 쉬듯 그렇게 쉬지 않고 끊임없이 해야 한다. 그런데 우리들의 신앙 모습을 보고 있노라면 마치 위장으로 공기를 집어넣으려는 자들과 같다.

즉 호흡하듯 끊임없이 기도해야 하는데 우리들은 마치 음식을 먹듯 그렇게 드문드문 기도하고 있다. 그러니 영적으로 무슨 힘이 있겠는가? 그런 사람이 어떻게 변화된 삶, 능력 있는 삶을 살 것인가? 어떻게 죽어가는 영혼을 전도할 수 있겠는가?

신약에서 사무엘의 수준으로 기도하던 사람을 꼽으라면 바울을 들 수 있다.

살전 5:16-18

항상 기뻐하라 쉬지 말고 기도하라 범사에 감사하라 이것이 그리스도 예수 안에서 너희를 향하신 하나님의 뜻이니라

"쉬지 말고 기도하라"는 말이나 "기도 쉬는 죄를 범하지 말라"는 말은 모두 같은 수준이다. 이처럼 구약을 살든지 신약을 살든지 믿음의 수준이 맞는 사람은 하는 말도 같다.

사도 바울은 기도하다 쉬면 "죄"라고 하는데 과연 우리들은 기도하다가 쉬면 "죄"라고 여기는 믿음으로 살아가는가? 이렇게 신앙생활을 하는 것이 본질을 지키는 그리스도인의 모습이다.

성경의 인물들을 보면 한 사람도 예외 없이 기도의 용사들이었다. 아브라함도 기도했고, 다윗도 기도했고, 모세도 기도했다. 모세는 아말렉과 전투할 때 기도함으로 전쟁에서 이겼다. 한나는 아기를 낳지 못할 때 기도함으로 잉태할 수 있는 힘을 얻었다. 엘리야는 3년 6개월 동안 비가 내리지 않을 때 갈멜산에서 기도함으로 하늘 창이 열리며 비를 내렸다. 사도 바울은 감옥에 갇혔을 때 기도함으로 옥터를 흔들었다. 이처럼 믿음의 사람들이 인생을 풀어가는 열쇠는 오직 기도뿐이었다.

이 땅에 오신 예수님도 40일 동안 금식기도를 하셨고 새벽 제단을 쌓으셨으며, 습관을 좇아 기도하셨다. 주님의 삶 역시 온통 기도의 삶이었다. 그렇게 삶 가운데 기도를 가르쳐주셨다.

행 6:1-4

그 때에 제자가 더 많아졌는데 헬라파 유대인들이 자기의 과부들이 매일 구제에 빠지므로 히브리파 사람을 원망하니 열두 사도가 모든 제자를 불러 이

축복의 36가지 말씀

르되 우리가 하나님의 말씀을 제쳐 놓고 접대를 일삼는 것이 마땅하지 아니하니 형제들아 너희 가운데서 성령과 지혜가 충만하여 칭찬 받는 사람 일곱을 택하라 우리가 이 일을 그들에게 맡기고 우리는 오로지 기도하는 일과 말씀 사역에 힘쓰리라 하니

제자가 더 많아졌다는 것은 부흥을 뜻한다. 부흥은 분명 좋은 것이다. 그런데 부흥 안에도 위험한 함정이 있을 수 있다. 계속 부흥이 되는 가운데 헬라파 유대인들이 히브리파 사람들을 원망하고 있다.

교회는 본디 기도하는 곳이다. 그런데 지금 교회가 원망하는 곳으로 바뀌고 말았다. 구제는 좋은 일이고 마땅히 교회가 해야 할 일이다. 하지만 구제에 빠지다 보니 기도를 잃어버리고 만 것이다. 이들은 구제하느라 기도하지 않았다. 그러니까 싸움만 하게 되었다.

마찬가지로 교회 안에 들어오는 프로그램 자체는 좋은 것이다. 하지만 이로 인하여 기도를 잃어버린 것은 아닌가? 많은 교회들이 봉사하다 싸우고, 구제하다가 싸우고, 안내하다가 싸운다. 이 모든 일들이 분명해야 할 일이지만 이런 것들에 빠져서는 안 된다. 아무리 선한 프로그램과 일들도 가지에 불과하고 본 줄기는 기도와 말씀이기 때문이다.

구제하다가 싸우니까 열두 사도들이 모든 제자를 불러 이렇게 이야기한다.

"우리가 하나님의 말씀을 제쳐 놓고 공궤를 일삼는 것이 마땅치 않다. 너희들 가운데 성령과 지혜가 충만하여 칭찬 듣는 사람 일곱을 택하라. 이 일을 저들에게 맡기고 우리는 기도하는 것과 말씀 전하는 것을 전무해야 하겠다."

기도하는 것과 말씀 전하는 것에 전무하자는 것이다. 잘 먹고 숨도 잘 쉬면 건강하다. 하지만 이것만으로 건강할 수 있는가? 아니다. 운동도 해야 한다. 운동을 영적으로 말하면 봉사이다. 그렇게 운동하다 보면 쉬어야 할 때가 온다. 그래서 쉬는 것을 영적으로는 교제라고 한다.

하나님은 분명 6일 동안 힘써 일하고 7일째는 안식하라고 말씀하신다. 그런데 어떤 사람들은 6일 동안 놀고 7일째가 되면 쉰다. 6일 동안 열심히 일한 사람에게 주어지는 것이 7일째 돌아오는 안식이다. 그런데 6일 내내 놀다가 7일째 쉬는 것은 또 무엇인가?

주일 성수가 우리에게 주신 계명이라면 6일 동안 힘써 일하는 것 역시 우리에게 주신 계명임을 잊지 말자. 그런데 주일 성수하지 못한 것은 회개하면서 6일 동안 성실하게 살지 못한 것을 회개한 적이 있는가?

살후 3:10
우리가 너희와 함께 있을 때에도 너희에게 명하기를 누구든지 일하기 싫어하거든 먹지도 말게 하라 하였더니

영적인 균형

육신도 균형을 맞추어야 건강하듯 영적으로도 균형을 맞춰야 건강하다. 자칫 잘못해서 균형을 잃게 되면 문제가 된다. 다시 말해서 구제가 분명 좋은 것이지만 교회의 중심은 아니다. 교제가 분명 좋은 것이지만 그것 역시 교회의 중심은 아니다. 그렇다면 교회의 중심은 무엇인가? '말씀'과 '기도'이다. 말씀과 기도가 기둥으로 선 후 구제나 봉사 같은 것들이 석가래로 서야 한다.

어떤 이유이든 교회는 본질에서 벗어나지 말아야 한다. 교회가 제아무리 부흥하여 구제할 힘이 커진다고 할지라도 그것이 교회의 가지는 될지언정 원기둥은 될 수 없음을 잊지 말라.

인간적인 생각으로는 상당히 지혜로운 방법처럼 여겨지는 일들도 하나님의 뜻이 아닌 경우가 참으로 많다. 모세를 왕으로 세워서 출애굽 하게 하면 안전하고 빠를 것 같지만 하나님은 그런 방법을 택하시지 않으셨다. 왜 그랬을까? 하나님께서는 당신이 일할 공간이 없어지면 역사하지 않기 때문이다. 하나님의 일할 공간이 무엇인가? 기도이다.

목회자가 전무할 일은 무엇인가?

형제들아 너희 가운데서 성령과 지혜가 충만하여 칭찬 듣는 사람 일곱을 택하라 우리가 이 일을 그들에게 맡기고 우리는 오로지 기도하는 일과 말씀 사역에 힘쓰니라 하니

'말씀'과 '기도'이다. 목회자가 말씀과 기도에 전무하지 못하기 때문에 문제가 시작된다. 말씀과 기도야말로 목회자가 잃어버리면 안 되는 기본인 동시에 한국 교회에서 가장 먼저 회복해야 할 과제이다.

행 2:42
그들이 사도의 가르침을 받아 서로 교제하고 떡을 떼며 오로지 기도하기를 힘쓰니라

목사는 서로 교제하며 떡을 떼며 기도하기를 전혀 힘쓰라고 말씀하신다. 교제는 '쉼'을 뜻하고 떡을 떼는 것은 '말씀'을 뜻한다. 그리고 마지막으로 가르쳐주신 것이 '기도'이다. '기도'는 영적 호

홉이다. 하나님은 기도하기를 전혀 힘쓰라고 말씀하신다. 그런데 이때 '전혀'에서 '전'자 '온전 전'(全)인 줄로 알고 있는 사람들이 많은데 이때 '전'자는 '오로지 전'(專)이다. 하나님은 "오로지 기도하기 힘쓰라"고 말씀하신다. 그런데 요즘 교회들을 보면 '전혀'의 위치를 옮겨놓았다. 이렇게 말씀이 변질되었다.

"그들이 사도의 가르침을 받아 간단하게 기도하고 떡을 떼고 교제하기를 전혀 힘쓰니라"

구역예배를 드릴 때에도 20분 예배를 드리고 3시간 이야기하지는 않는가? 모이면 먹는다. 기도하자는 구역예배인지 먹자는 구역예배인지 구분조차 되지 않을 정도이다. 어느 제목을 놓고 기도했는가가 아니라 누가 무슨 음식을 내놓았는가에 관심이 집중된다.

그러다 보니 다른 집에서 너무 잘 차려놓으면 자기 집에서 구역예배 드릴 것이 벌써 스트레스가 된다. 그러면서 묘한 경쟁심이 발동하게 되고 금요일마다 잔치를 벌이듯 그렇게 구역예배를 드리곤 한다.

이처럼 전혀 하라고 명령하신 것은 간단하게 하고, 간단하게 하라고 말씀하신 것은 전혀 하고 있다. '전혀'의 위치부터 바로 찾아야 한다.

하나님의 말씀대로 사도의 가르침을 받아 서로 교제하며 떡을 떼며 기도하기를 전혀 힘쓸 때 어떻게 되었는가?

행 2:43

사람마다 두려워하는데 사도들로 말미암아 기사와 표적이 많이 나타나니

마 10:1

예수께서 그의 열두 제자를 부르사 더러운 귀신을 쫓아내며 모든 병과 모든 약한 것을 고치는 권능을 주시니라

'권능' 즉, 권세와 능력을 주신다.

눅 10:1

그 후에 주께서 따로 칠십 인을 세우사 친히 가시려는 각 동네와 각 지역으로 둘씩 앞서 보내시며 이르시되 추수할 것은 많되 일꾼이 적으니 그러므로 추수하는 주인에게 청하여 추수할 일꾼들을 보내 주소서 하라

눅 10:17

칠십 인이 기뻐 돌아와 이르되 주여 주의 이름이면 귀신들도 우리에게 항복하더이다

눅 10:20

그러나 귀신들이 너희에게 항복하는 것으로 기뻐하지 말고 너희 이름이 하늘에 기록된 것으로 기뻐하라 하시니라

귀신이 항복한 것이 기쁜 일인가, 하늘에 이름이 기록된 것이

기쁜 일인가? 귀신이 항복한 것보다 더 좋은 것은 하늘에 이름이 기록된 것이다. 그렇다면 귀신이 항복했다는 사실을 어떻게 알 수 있는가? 하늘에 이름이 기록되었다는 것을 어떻게 알 수 있는가? 자신의 이름이 하늘에 기록된 것을 알아야 기뻐할 것인데 어떻게 알 수 있는가? 귀신이 항복하는 것을 보면서 자신의 이름이 하늘에 기록되었음을 알 수 있다.

그렇다면 만일 귀신이 항복하지 않는다면 하늘에 이름이 기록되지 않은 것인가? 여기에서 오해가 시작되는 것이다.

하나님은 사랑이시다. 하지만 사랑이 하나님은 아니다. 사랑이 하나님이실 때도 있지만 아닐 때도 많다. 이처럼 귀신이 항복하지 않았다고 해서 우리가 구원을 받지 못한 것은 아니다. 하지만 정말 구원받은 사람들에게는 귀신이 항복한다.

막 16:17

믿는 자들에게는 이런 표적이 따르리니 곧 그들이 내 이름으로 귀신을 쫓아내며 새 방언을 말하며 뱀을 집어올리며 무슨 독을 마실지라도 해를 받지 아니하며 병든 사람에게 손을 얹은즉 나으리라 하시더라

12제자, 70문도, 믿는 자들이 나온다. 여기에서 12제자란 요즘으로 치면 목사님에 해당하고, 70문도는 장로님, 권사님, 집사님과 같은 재직들을 뜻하며, 믿는 자들은 성도들이 된다.

대부분의 성도들은 목사님에게만 능력이 있다고 생각한다. 그리고 그렇게 생각하도록 만든 장본인이 목사님들이다. 그렇다면

왜 목사님들은 자신들에게만 능력이 있다고 가르쳤을까? 어디부터 문제가 되어 이렇게 잘못 알고 있는 것일까? 정말 능력이 목사님의 전유물인가? 아니라면 성도들이 능력을 받았다고 잘난 척할까 봐 그렇게 한 것일까?

성도들이 오해하는 데에는 여러 가지 이유가 있다. 하지만 그 가운데 하나는 목사들의 무지를 들 수 있다. 심지어 어떤 목사는 자신이게 능력이 있다는 사실조차 모른다.

막 9:28, 29

집에 들어가시매 제자들이 조용히 묻자오되 우리는 어찌하여 능히 그 귀신을 쫓아내지 못하였나이까 이르시되 기도 외에 다른 것으로는 이런 종류가 나갈 수 없느니라 하시니라

예수님도 기도하셨고 바울도 기도했으며 요한도 기도했다. 그렇다면 목사가 마땅히 해야 할 일은 무엇인가? 기도이다. 그런데 요즘 목사들은 도무지 기도하지 않는다. 본인이 기도하지 않으니까 기도를 가르치지도 않는다. 더욱 큰 문제는 그렇게 반복되다 보니 그러한 현상이 마치 정상처럼 되어버리고 만 것이다.

우리 윗세대를 한국 교회의 1세대라고 하고 우리 세대가 한국 교회의 2세대이고 후배들은 한국 교회의 3세대라고 한다. 그런데 솔직하게 말하자면 1세대 목사님들은 우리만큼 공부를 많이 하지 못했다. 우리들 역시 후배 목사님들에 비하면 공부가 부족하다.

윗세대 목사님들은 컴퓨터가 아예 없었고 우리 세대도 익숙하

지는 못하다. 하지만 후배 목사님들은 그것으로 시작하다 보니 정보량이나 지적 수준이 엄청나다.

내가 신학교를 다닐 당시 화폐 가치와 지금의 화폐 가치가 많이 다르겠지만 그래도 300만 원어치 정도 신학 서적을 사면 제법 구색을 갖출 수 있었다. 그런데 지금은 1억 원어치를 사도 구색을 맞추기 힘들다. 그만큼 출판되는 양이 많아졌다.

사실 선배 목사님들의 경우 몇몇 분들을 제외하고는 독서보다는 기도에 집중했다. 그러니까 실력은 다소 부족할지 몰라도 기본은 잃지 않았다. 그러한 기본 위에 한국 교회를 세워갔다.

2세대 목사님들은 1세대 목사님들에 비해 공부도 굉장히 많이 했고 유학까지 다녀온 분들도 많다. 그럼에도 불구하고 1세대 목사님들에 비해서 여러모로 부족한 이유가 무엇일까?

행 19:1-7

아볼로가 고린도에 있을 때에 바울이 윗지방으로 다녀 에베소에 와서 어떤 제자들을 만나 이르되 너희가 믿을 때에 성령을 받았느냐 이르되 아니라 우리는 성령이 계심도 듣지 못하였노라 바울이 이르되 그러면 너희가 무슨 세례(침례)를 받았느냐 대답하되 요한의 세례(침례)니라 바울이 이르되 요한이 회개의 세례(침례)를 베풀며 백성에게 말하되 내 뒤에 오시는 이를 믿으라 하였으니 이는 곧 예수라 하거늘 그들이 듣고 주 예수의 이름으로 세례(침례)를 받으니 바울이 그들에게 안수하매 성령이 그들에게 임하시므로 방언도 하고 예언도 하니 모두 열두 사람쯤 되니라 바울은 학문이 있는가 없는가? 많이 배웠다. 성경에 대해서 아는가, 모르는가? 누구보다 잘 알았다. 그리고 바울에게는 성령이 임했다.

반면 베드로는 어떠했는가? 학문도 없었고 성경에 대한 지식도 시원치 않았다. 오죽하면 지금까지도 베드로전서와 베드로후서를 베드로가 썼는지 쓰지 않았는지를 놓고 논쟁거리를 삼겠는가? 베드로전서와 베드로후서에 직접 언급하였음에도 불구하고 많은 사람들이 이의를 달 정도로 베드로는 학문이 짧았다.

예수님의 제자들 가운데 누가는 의사 출신이고 마태는 세무 일을 보았으니 이 두 사람은 모두 실력을 갖춘 자들이다. 반면 베드로는 고기 잡는 일이 생업이었다. 하지만 베드로는 성령이 충만했다. 즉 말씀과 기도, 이 기본을 갖춘 자였다는 것이다. 그러니까 이런 베드로가 설교할 때 3000명에서 5000명이 듣고 회개했다고 말씀하신다.

아볼로는 학문이 많고 성경에 능했다. 또 일찍부터 주의 도를 배웠다고 하니 지금으로 치자면 모태신앙 정도로 완벽한 자였다. 그런 아볼로가 에베소에서 목회를 하게 된다.

행 18:24, 25
알렉산드리아에서 난 아볼로라 하는 유대인이 에베소에 이르니 이 사람은 언변이 좋고 성경에 능통한 자라 그가 일찍 주의 도를 배워 열심으로 예수에 관한 것을 자세히 말하며 가르치나 요한의 세례(침례)만 알 따름이라

아볼로는 배움이 많았지만 평생 동안 에베소에서 12명을 회개시켰다.

어떤 사람들은 이렇게 반문한다.

"목사님, 왜 그렇게 숫자를 중요하게 여기십니까?"

물론 숫자가 중요한 것은 아니다. 하지만 그렇다고 해서 숫자가 중요하지 않다면 무엇이 중요한가?

무엇이든 두 번씩 물어보는 것이 좋다.

"얼굴만 예쁘면 다야?"

맞다. 얼굴만 예뻐서 다는 아니다. 그렇다면 다시 묻겠다.

"얼굴만 예쁘지 않으면 다인가?"

이렇게 두 번씩 물어보자.

"기도만 많이 하면 다야?"

맞다. 기도만 한다고 해서 다는 아니다. 그렇다면 다시 물어보자.

"기도하지 않으면 다인가?"

"부흥만 되면 다야?"

부흥이 전부는 아니다. 하지만 부흥이 되지 않으면 그것이 전부인가? 무엇이 되었든 이렇게 두 번 물어보는 것이 좋다.

오늘날 한국 교회를 보고 있으면 가지는 거대하고 줄기는 연약한 기형적인 나무를 보는 것 같다. 말씀과 기도 이 원줄기가 먼저 바로 섰을 때 컴퓨터가 되었든 책이 되었든 심방이 되었든 운동이 되었든 봉사가 되었든 곁가지들이 뻗어나갈 수 있지 않은가? 주객이 전도되었는데 어찌 말씀과 기도를 지탱할 수 있겠는가?

주님과의 관계 속에서 메인이 무엇인지 돌이켜 보자. 사도행전에 나오는 초대 교회 성도들은 사도들이 가르친 그대로 했다. 즉 간단하게 교제하고 간단하게 떡을 떼고 기도하는 데 전혀 힘을 썼다. 어느 누구의 가르침도 없었지만 이렇게 했다.

한국 교회를 볼 때 안타까운 점이 있다. 아볼로와 같이 유학을 다녀와서 공부를 많이 한 실력 있는 목사님들은 훌륭한 목사님이 되고, 바울이나 베드로와 같이 성령 충만한 목사님들은 이단 취급을 받는다는 점이다. 또 바울처럼 이방인들을 향한 목사님들 역시 이단으로 정죄된다.

물론 바울 같은 목사님이 쉽게 나오는 것은 아니다. 하지만 더러 바울과 같은 목사님이 나올지라도 한국 교회는 쉽게 용납하지 못한다. 오히려 아무런 능력이 없는 목사는 말썽도 없다. 하지만 뭔가 있으면 색안경부터 끼고 본다. 그렇다면 이것이 과연 정상인가?

1세대 목사님들이 교회를 쭉쭉 뻗어 올라가게 하신 역사를 오늘도 이루고 싶은가? 그렇다면 무엇보다 먼저 말씀과 기도부터 되찾아야 한다.

하루에 얼마나 성경을 읽고 묵상하는가? 성경을 몇 독이나 하였는가? 1세대 선배님들은 적어도 30독에서 50독은 하셨다. 때때로 자의적으로 해석하는 오류를 범하기도 하지만 많이 읽으신 것만은 부인할 수 없다. 그런데 요즘 목회자들은 도무지 말씀을 읽지 않는다.

우리 교회 면접을 보러 오는 신학생들에게 반드시 물어보는 질문이 있다.

"성경을 모두 몇 독이나 하였습니까?"

이때 제대로 대답하는 사람들이 거의 없다.

그렇다면 집사들은 어떻게 해야 하는가?

행 6:8
스데반이 은혜와 권능이 충만하여 큰 기사와 표적을 민간에 행하니

집사님이신 스데반도 기사와 이적을 행했다. 이렇게 기사와 이

적을 행하다가 순교한 사람이 바로 스데반이다. 우리 성도들도 스데반처럼 순교하는 정신으로 살아가기를 바란다. 주님께서는 나를 위해서 하나밖에 없는 생명까지 주셨는데 왜 우리는 오래 살 생각만 하고 평안히 늙어 죽을 생각만 하는가?

마지막 날에 쓰임 받을 민족

앞으로 하나님이 쓰실 나라는 우리나라밖에 없다는 역사적인 사명을 깨닫자. 하루속히 7천만이 하나가 되어 고속도로를 건설하고 KTX가 스페인까지 내리 달려야 한다. 그렇게 되기 위해서 무엇보다 먼저 북한 동포들을 위해 기도해야 한다. 북한이 잘되어야 한다. 기도로 평화통일을 이루어서 7천만이 세계 복음화의 역사를 이루어야 한다.

우리나라야말로 저력이 많은 나라이다. 뿐만 아니라 애국가에 하나님이 언급되는 나라는 우리나라밖에 없다.

"하나님이 보우하사 우리나라 만세"

두 번째로 우리나라는 언어구사력이 대단하다. 우리나라 사람들은 세계 어디를 들어가든지 그 나라 말을 완벽하게 익히고 구사

한다. 영어면 영어, 중국어면 중국어, 뭐든 잘한다.

세 번째로 우리나라는 비록 국토는 좁지만 사계절이 뚜렷하다. 그런데 이 점이 선교사역에 있어 얼마나 유리한지 모른다. 우리는 춘하추동을 다 겪은 민족이기 때문에 북극에 가서도, 남극에 가서도 얼마든지 견디고 선교한다. 하지만 에스키모인을 아프리카의 선교사로 보낸다면 심방조차 제대로 다니지 못할 것이다. 역으로 아프리카 사람을 에스키모 선교사로 보내더라도 마찬가지일 것이다.

네 번째로 황인종이라는 인종이 유리한 점이 된다. 백인과 흑인을 붙여놓으면 어울리지 않는다. 하지만 우리는 황인종이기 때문에 파운데이션만 바르면 백인처럼 보이고 약간 태우면 흑인처럼 보인다.

다섯 번째로 우리 민족은 식성이 까다롭지 않다. 그래서 세계 어디를 가더라도 먹지 못하는 음식이 없다. 아프리카 밀림 같은 곳으로 선교를 가면 서양 사람들은 음식이 입에 맞지 않아 힘들다고 한다. 하지만 우리는 무엇을 줘도 가리지 않고 잘 먹는다.

여섯 번째로 우리 민족은 931번의 전쟁을 치렀지만 먼저 공격한 적이 거의 없다는 점이다. 날마다 당할지언정 공격한 적은 없다. 그러니 우리나라에 대해서 반감을 가지는 나라가 없다. 소련을 가더라도 중국을 가더라도 우리 민족은 싫어하지 않는다. 그러니까 계속 당해온 조상들의 역사가 이럴 때에는 감사의 조건이 된다.

그런데 지금은 다르다. 우리나라에 들어오는 외국인 근로자들을 너무 구박하기 때문이다. 그래서 우리나라를 싫어하는 나라들이 생기기 시작했다. 우리들이 한때 아메리칸 드림을 가지고 미국으로 건너가 성공한 것처럼 그들도 코리안 드림을 품고 우리나라에 와서 열심히 살아가고 있는데 그러한 그들에게 특별히 잘해주지는 못할지언정 인격적인 대우조차 해주지 못하고 있다. 그래서 한을 품고 돌아가는 외국인 근로자들이 얼마나 많은지 모른다. 이래서는 안 된다. 하나님은 지극히 작은 자에게 한 것이 곧 나에게 한 것이라고 말씀하시지 않았는가?

여러모로 볼 때 우리나라는 통일만 된다면 하나님이 귀히 들어 쓰시기에 참으로 적합하다. 집사가 살아생전 해야 할 사역은 기사와 표적이고, 마지막은 순교가 되어야 한다.

행 8:4-8
그 흩어진 사람들이 두루 다니며 복음의 말씀을 전할새 빌립이 사마리아 성에 내려가 그리스도를 백성에게 전파하니 무리가 빌립의 말도 듣고 행하는 표적도 보고 한마음으로 그가 하는 말을 따르더라 많은 사람에게 붙었던 더러운 귀신들이 크게 소리를 지르며 나가고 또 많은 중풍병자와 못 걷는 사람이 나으니 그 성에 큰 기쁨이 있더라

집사인 빌립에게도 기사와 표적이 일어났다고 말씀하신다. 그렇다면 우리에게는 표적이 있는가? 있다면 무슨 표적이 있는가? 우리들은 빌립 집사가 한 일을 할 수 없는가?

행 8:9-13

그 성에 시몬이라 하는 사람이 전부터 있어 마술을 행하여 사마리아 백성을 놀라게 하며 자칭 큰 자라 하니 낮은 사람부터 높은 사람까지 다 따르며 이르되 이 사람은 크다 일컫는 하나님의 능력이라 하더라 오랫동안 그 마술에 놀랐으므로 그들이 따르더니 빌립이 하나님 나라와 및 예수 그리스도의 이름에 관하여 전도함을 그들이 믿고 남녀가 다 세례(침례)를 받으니 시몬도 믿고 세례(침례)를 받은 후에 전심으로 빌립을 따라다니며 그 나타나는 표적과 큰 능력을 보고 놀라니라

빌립 집사가 가니까 점쟁이까지도 회개하고 돌아왔다. 지금으로 치자면 무당까지도 회개하고 왔다는 것이다. 신약의 집사님들이 이런 일을 행했다면 오늘날의 집사님들도 이런 이적을 행할 수 있다고 믿는 것이 성경적인 것 아닌가?

그렇게 되기를 꿈꾸는가? 기도와 말씀부터 회복하자. 그들 역시 기도와 말씀에 힘썼다. 기도하면 얼마든지 변화될 수 있다. 교회가 기도와 말씀의 본질을 회복했을 때 성도들이 행할 일들을 꿈꾸어보자.

물론 공부도 해야 한다. 봉사도 해야 한다. 하지만 이 모든 것들은 가지에 불과하고 모든 그리스도인들이 해야 할 마땅한 일은 오

직 기도와 말씀이다. 그렇게 기본으로 돌아가야 한다. 한국 교회가 기도와 말씀을 회복할 때 예수님처럼, 베드로처럼, 요한처럼, 바울처럼 살아갈 수 있게 될 것이다.

하나님은 쉬지 말고 기도하라고 말씀하셨는데 과연 기도를 쉰지 얼마나 오래되었는가?

기도하지 않으면서 숨 쉬고 살아있는 그것 자체가 기적 아닌가? 도무지 기도하지 않으면서 무슨 영적인 능력을 간구한단 말인가?

기도로 역사를 움직이라

행 6:3

형제들아 너희 가운데서 성령과 지혜가 충만하여 칭찬 듣는 사람 일곱을 택
하라

집사가 되기 위한 조건은 성령과 지혜가 충만하고 칭찬을 듣는
자이다. 그렇다면 오늘날의 수많은 집사들은 과연 성령과 지혜가
충만하고 사람들로부터 칭찬을 듣는가?

우리나라에 복음이 막 들어왔을 때, 비록 그 숫자는 적었을지
몰라도 성도들은 진짜였다. 그러니까 예수쟁이라고 욕하면서도
인정하는 점이 있었다.

"예수 믿는 사람이 그럴 리가 없다!"

그런데 조금 지나니까 이렇게 바뀌었다.

"설마 예수 믿는 사람이 그렇게 하려고…"

조금 지나니까 이렇게 바뀌었다.

"믿는 사람도 다 똑같더만."

조금 더 지나니까 이렇게 바뀌게 되었다.

"믿는 놈이 더 나빠!"

초대 교회 집사들은 비록 그 숫자는 적었지만 성령과 지혜가 충만해서 칭찬을 들었다. 그런데 지금은 성도의 숫자는 나날이 늘어가지만 '칭찬'은 현격하게 줄어들었다. 점차 시간이 흐르면서 점점 썩고 부패하면서 엉망진창이 되고 만 것이다.

초기 로마 시대에 기독교를 믿으면 핍박을 받았다. 신앙을 지키려면 죽음까지 각오해야 했다. 봉직을 박탈당하기도 하고, 배급이 나오지도 않았고, 사자 밥이 되는 일도 허다했다. 그러니까 자꾸만 그리스도인들이 땅속으로 숨어 들어간 것이다. 그때에는 비록 숫자는 적었지만 진실했다. 확실하지 않은 사람은 믿지 않았기 때문에 그들은 진정한 세상의 소금이요 빛이었다. 생명을 걸고 믿었으니 얼마나 확실했겠는가? 이런 가운데 복음이 계속 전파되었고 나중에는 로마의 황제까지 복음을 믿게 되고 기독교를 국교로 공인해주게 된다.

그렇게 믿는 사람이 구름 떼같이 많아지면서 시작된 교회가 바로 천주교회이다. 313년에 교회가 공인이 되면서 이들이 일어나서 만들게 된 것이 바로 우주적인 교회, 로마 가톨릭이다.

그런데 이 교회가 본질로 가는 것이 아니라 자꾸만 현상 쪽으로 가는 것이다. 점차 이런 생각이 들기 시작한다.

'이것이 아닌데…'

원래 교회의 시작이 어디인가? 사도행전 2장에 나오는 마가 다락방이다. 그러한 모습을 찾아 나오게 된 것이 마르틴 루터의 종교 개혁이고 이것이 기독교의 시작이다.

이런 역사를 놓고 천주교인들은 자기들이 큰 집이고 개신교가 작은 집이라고 한다. 그런데 잘 생각해 보면 반드시 그런 것도 아니다. 본질에서 벗어난 곳이 어디인가? 천주교이다. 그러니까 기독교의 정신이 흐르다가 천주교로 잠시 벗어났다가 다시 기독교로 되돌아온 셈이다. 그러니까 중간부터 따지면 천주교가 큰집이라는 말이 틀리지 않지만 그 앞부터 따진다면 그들의 말이 반드시 맞는 것은 아니다.

1517년, 마르틴 루터가 종교개혁을 했다. 그래서 '오직 믿음', '오직 말씀'으로 돌아갔다. 이처럼 기독교의 정체성은 말씀이다. 하지만 가톨릭의 정체성은 교황이다. 그들은 말씀보다 교황권을 중요하게 여긴다. 하지만 개신교는 목사님보다 말씀이 중요하다. 가톨릭에서 중요한 것은 전통이다. 하지만 개신교에서 중요한 것은 말씀이다. 다시 말해서 가톨릭은 전통 위에 세워졌고 우리들은 말씀 위에 세워졌다는 것이다.

천주교인들이 교황을 대하는 자세와 성도들이 총회장을 대하는 태도하고 같은가? 개신교는 어떠한 위치의 사람일지라도 단지 사람으로 대할 뿐이다. 하지만 그들은 하나님처럼은 아닐지라도 그와 비슷하게 대한다. 본인들은 그런 모습이 익숙하니까 잘 느끼지 못하지만 우리가 볼 때에는 이상한 점이 많다.

서로가 서로를 이상하게 보는데 우리는 이상한 것을 놓고 말씀으로 해답을 찾아가고자 하고 그들은 전통에서 해답을 찾고자 한다. 내가 볼 때 좀 더 정확하게 이야기하자면 기독교가 천주교에서 나온 것이 아니라 기독교는 천주교가 있기 전부터 있었다.

어찌 되었든 나라는 모두 다른데 우주적인 교회를 만들자고 하니 임금은 여럿이지만 교황은 하나가 된다. 즉 교황의 끗발이 임금의 세력보다 더 세게 된 것이다. 그러면서 타락하기 시작했다. 이처럼 교회의 힘이 정치적인 힘보다 우세하게 될 때 문제가 시작된다. 때문에 제대로 된 기독교는 정치와 엄격하게 분리되어 있다. 정치와 교회는 반드시 분리되어야 한다. 얼핏 생각할 때 정치와 교회가 힘을 합하면 굉장히 유리할 것 같지만 결코 그렇지 않다.

모세를 생각해 보자. 모세가 이스라엘 백성을 출애굽 시키려면 무엇보다 먼저 왕이 되었어야 한다. 모세가 왕이 되었다면 백성을 출애굽 할 권력이 생기지 않겠는가? 하지만 하나님은 그렇게 역사하시지 않았다. 하나님은 왕의 힘을 통해서 출애굽 시키신 것이 아니라 하나님의 능력을 통해서 출애굽 하게 하셨다.

어려움을 만났는가? 원시적인 방법처럼 보일지라도 기도하라. 그런데 요즘 대형교회일수록 기도보다 전화가 빠르기 때문에 기도하지 않는다. 어려움이 생기면 기도하기 전에 전화로 해결하려고 한다.

"집사님, 우리 교회가 이런 일이 있는 것을 아시지요? 집사님이 해결해 주십시오."

전화할 힘이 없는 교회, 끗발이 없는 교회들이나 기도하지, 돈이 있으면 돈으로 해결하려고 하고 권력이 있으면 권력으로 해결하려고 한다. 유능한 성도가 있으면 굉장히 유리할 것 같지만 기도가 죽게 되고 결국 교회가 죽게 된다.

어리석고 미련해 보일지라도 교회는 어려울 때마다 기도해야 한다. 땅 짚고 헤엄치는 것처럼 쉬운 방법이 끊임없이 유혹의 손짓을 할지라도 과감하게 물리쳐야 한다.

끗발 있는 성도들이 많아 기도가 죽어가는 대형교회야말로 교회의 본질을 잃고 있다는 사실, 그렇게 죽어가고 있다는 사실을 깨달아야 한다.

로마시대의 가톨릭이 변질되듯 우리들의 교회도 그렇게 같은 전철을 밟고 있다. 핍박을 받을 때에는 비록 숫자는 적었어도 칭찬이 있었는데 지금은 성도들의 수가 많이 늘어났지만 신앙이 변질되어 칭찬이 사라지고 있으니 똑같은 역사가 되풀이되고 있는 것 아닌가?

하나님은 예나 지금이나 어리석고 미련한 것 같아도 기도를 통해서 역사를 이루어 가신다. 절대로 돈이나 권력을 통해서 역사를 이루어 가시지 않음을 기억하라.

가장 소중한 이에게 주는
축복의 36가지 말씀